輝け！
いのちの授業

大瀬敏昭

序

2004年1月3日未明、大瀬敏昭校長は永眠された。がんの再発から2年、まさに教育に命を捧げた一生だった。学校改革を模索する中、6年前に茅ヶ崎市浜之郷小学校の初代校長に就任し、東京大学・佐藤学教授のスーパーバイズのもと、その構想は、教職員全員と共に実現に向かった。この間の事情は、前著『学校を創る』『学校を変える』(小学館発行)、『学びの風景』(世織書房)に詳説されている。そして、最後の2年間、自らの授業は「いのちの授業」のテーマに絞り3年生から6年生の教室で計18回行われた。

この著書は、2003年10月から書き始めた大瀬校長の原稿と授業実践記録、そして現場教師たちの感想をまとめたものである。大瀬校長の絶筆で書けなかった部分は、日頃、その切実な思いを聴いていた教師たちによって書き続けられ、完成された。

「生きる力」「命の尊さ」は、現代教育界で最も重要なキーワードの一つである。それは大瀬校長が、佐藤学教授と作曲家・三善晃氏に依頼し、完成した校歌に創学の志として詠われている。

「いのち」は浜之郷小学校の理念そのものなのである。

しなやかに　たおやかに　　　いのちのいぶき　かわしあう

さわやかに　かろやかに　　　いのちのときを　きざみあう

ひそやかに　あざやかに　　　いのちのかたち　うつしあう

命の煌めきを学び合い、育ち合わせる心は、「授業づくり・学校づくり」にとって一つの大切な理念なのだ。この思いを本書から汲み取ってほしい。この著書が毎日の授業の中で全国の先生方の一助になることを願っている。

本書編集委員一同

※校歌の歌詞と楽譜、CDは、佐藤学著「授業を変える　学校が変わる」(小学館発行)に添付され、歌詞は上記2著に掲載されている。

輝け！　いのちの授業

——目次——

◆ＣＤ-ＲＯＭ添付

装丁　ＣＳＪ（大野鶴子）

ＤＴＰ入力　吉野工房

編集協力　佐々木美幸

真英社

大和速記情報センター

※子どもの名前はすべて仮名である。※掲載写真は浜之郷小学校教職員等が撮影したものである。

プロローグ

『たましいやいのちや心を大切にしたい気持ちがわかってきた。でも、もう一つあります。人のいのちや自分のいのち、どちらとも大切だと思う。でも本の、「たいせつなおくりもの」てやつを見たら、自分はどんな気持ちかな？　相手のこともどんな気持ちかなぁ？　てわかってきた。そして、えいえんて、とこに気がついたことがいのちだと思います。』（5年山川　諭）

諭君は、遊びに夢中だったのか、私の「いのちの授業」（「わすれられないおくりもの」）に遅れて入ってきた。そして授業が終わるまで、ほとんど顔をあげないでいたので、眠っていると思っていた。私はこの感想文を読みながら、机上に顔を伏せ、授業にまったく参加していないと考えていた諭君が、これだけのことを感じ取ってくれていたことに驚くと同時に、心からうれしかった。

この「いのちの授業」は、授業としては欠点の多いものだっただろう。それでも、教師の「伝えたいもの」が強くあるとき、子どもの内面に何かの変化がおき、本当に大事なものとなって心にしまい込まれていくのではないだろうか、ということをこの感想文は教えてくれているような気がする。単に物事を「教える」授業や「知識」を伝達する授業ではなく、子どもたち一人ひとりが置かれている状況をベースにして、教室の中で学び合いが生まれる。その結果として、子どもたちの中に一つひとつの「小さな物語」が生まれるような授業を、私は創りたいと願っている。

　ところで最近、子どもたちを巡って引き起こされる残虐な、そして信じられないような事件を見ていると、その背景には何があるのかと考えさせられることが多い。朝、新聞を開くのが怖くなってしまうこともある。少年事件にしろその他の凶悪事件にしろ、あらゆる面で日本人の心が危機に直面している。大げさに言えば、日本人の心と社会が崩壊しているのである。また近年問題となっている自殺者の増加も気になる。年間3万数千人もの自殺者があり、年々増加傾向にあることは大きな問題である。自殺者の増加、子どもたちの犯罪の低年齢化・凶暴化というのは、子どもたちの心の中にあるものが壊れている。あるいは形成されていない、ということがいえるのではないだろうか。つまり、幼児期に命について理解し、それを大切にしようとする心が形成されていないと私は思うのである。

　科学技術の進歩で生活が豊かになり便利になった。しかしその反面、私たちは大事なものを忘れてしまった。つまり、20世紀の豊かさと便利さの陰で、命のつながりや重みを軽視するという、憂うべき状況に人々は陥っているのである。その忘れてしまった「大切なもの」を取り戻さなければならない。今こそ、いのちを基本にした社会にしなければならない。では、このような状況の中で、命のつながりや重さを子どもたちにどのように伝えていけばよいのか。それが、私に与えられた大きな課題なのである。

第一部　「いのちの授業」構想と実感

第一章　ケアリングの教育と「いのちの授業」

浜之郷小学校は１９９８年開校の新設校である。私は茅ヶ崎市教育委員会で本校の開校準備に携わり、結果として初代校長として着任した。それから6年が経過し、7年めを迎えようとしている。これまでのことを振り返ると、とにかく充実した、そして波乱に富んだ6年間だったような気がする。この6年間は、それまでの人生に匹敵するような中身の濃い時間であった。

何から手をつけていいのかわからぬまま時間だけが過ぎていったような1年めの1学期。それでも、自分自身では張り切って一つひとつ課題をクリアしていったような気がする。いろいろな壁にぶち当たったりしたが、校歌・校旗もできなんとか体裁も整った。

そして2年め、私に大きな試練が訪れた。学校づくりが順調にいきかけた１９９９年秋、私はがんの宣告を受けたのである。進行性の胃がんですぐに胃の全摘手術を受けた。術後の経過はよく、１か月半で職場復帰をすることができた。しかし、がん患者にとっては退院時から新たな闘いが始まるのである。

それは、転移再発、死の恐怖との闘いである。その恐怖と絶望の淵に沈んだ私を救ってくれたのは「絵本」であった。なかでも『わすれられない　おくりもの』、『１００万回生きたねこ』、『１０００の風　１０００のチェロ』、『ポケットのなかのプレゼント』などの絵本は、私にとって生きる希望と勇気を与えてくれた。それとともに闘病生活は、新たな学校づくりのヒントをも与えてくれたのである。

また私は、その入院生活の中で、いろいろなことを経験し、考えることもできた。その中でも、医療の現場と学校との共通性を感じることができたことは、大きな収穫であった。とりわけ印象深いことは、看護師の「言葉と身体」である。

６時間に及ぶ手術後、麻酔から覚めてはじめて耳に聞こえてきたのは、偶然にも私の大好きなサザンオールスターズの曲であった。寝かされているＩＣＵ（集中治療室）の中は、最初予想していたのとはだいぶ違っていた。流れている音楽も、いわゆるそれらしい曲ではなく、ある程度音量も大きなサザンの『バラッド』である。てきぱきと仕事をこなすナースたちの動きも軽快で、交わされる会話も実に明るい。

これは、後日考えたことであるが、「最大の弱者状態」の患者のみが入るＩＣＵが、「暗く」、流される音楽も「滅入る」ようなものでは病気の快復のためにもよくない。それにしてもＩＣＵのナースたちの身のこなし、声の大きさ、スピード、声質など、いわゆる「言葉」がみごとである。患者や家族に不安を与えないように、かつ的確な「言葉かけ」がなされている。このような身体と言葉の「技術」は、ある種の訓練によってなされるものなのか、あるいはこの病院のナースたちが特別なのだろうか。

　このＩＣＵでの経験をはじめ、入院中に「医学と教育」についていろいろと考えることができた。医療の現場では、ナースたちはとても重要な役割を担っている。病気を治療するのは医師の仕事であるが、それだけでは患者の病状は改善されない。患者にとっては治療以上に「ケア」「癒し」が必要である。病気を治そうという患者の意識や気持ちが、「ケア」や「癒し」によって高められるからだ。それは、ナースたちによるところが大きい。このことは、自分が病気になってはじめて知ることができたことである。

　病に倒れ、あるいは傷ついて苦しむ者がいる。ある者は、患部に手を当て背中をさすり水を飲ませ、さらには薬を煎じて飲ませることもあるだろう。患者は、楽になってほっとし、「手当て」を行った者と「共に癒えていく喜び」を共有し合う。この構造は、学校にも当てはまる。

　ある問題や課題について解決の方法がわからず、苦しむ子どもがいる。また、家庭のこと、親のこと、友だちのこと、さまざまなことで悩む子どもたちがいる。このような子どもたちに手をさしのべ、その解決に向かっていっしょに立ち向かい、「共に気づいていく」教師の姿が学校にはある。

「援助を必要としている人へのかかわり」ということにおいて、医学と教育は、同じような構造をもつと考えてよいのではないか。医師の治療という行為に対応するのが「共に学ぶ」という教師の行為である。それに対して、看護・ケア・癒しというナースの役割を担うのも学校では教師である。したがって、学校における教師は、そのための「技」が必要なのである。そして、このような実践的行為は「身体」「言葉」がたいへん重要なテーマとなってくる。

しかし、このことについてはこれまであまり語られることはなかった。このような意味で、これからの学校の校内研修は「看護教育」に学ぶことが多いのではないかと考えられる。手術時の入院を含めて、闘病生活の中で「教え―学び」とともに、「育つ―育む」ための「身体技法」の必要性を痛感した。

闘病生活は、その後の学校づくりの方向性を大きく変える契機ともなっていった。その意味でがん闘病と絵本との出会いは、私にとって教育者としての新たな「気づきの瞬間」となったと言えよう。そしてそれは、学校そのものの意義をも問い直すものとなっていった。

それは、これまでの健康に立脚した強さを求める学校ではない。弱さを自覚した子どもたちと自分の無力さを自覚した教師とが「ケアと癒し」を含みこんだ応答的な営みを行う場として、さらにはその応答的な営みをとおして子どもたちと共に生きると同時に、大人自らも育つ場として学校を再構成することである。

子どもたちは、本来、元気でたくましく未来に向かって伸びていくものである。同時に、社会の中では小さく脆くこわれやすく、社会の歪みや影をもろに受ける存在でもある。明るい話題の少ない近年の厳しい社会情勢の中、そういった歪みや影を背負って学校に来る子どもたちの存在が気になる。学校は社会をリアルに映す鏡になっている。

そこで、このような小さく脆く、こわれやすい子どもたちに対して、「学び」をとおして「ケアと癒し」を含みこんだ営みを行う場として学校を再構成することの必要性を痛感する。その中で、「教え―学び」の関係と同時に「育み―育ち」という視点が、今後の学校づくりに加えられる必要性を強く感じている。小さく脆くこわれやすい子どもたちに対して、「学び」をとおした「ケア」と「癒し」を含み込んだ営みを行う場としての学校、つまり「ケアリング・コミュニティ」としての学校づくりである。子ども、教師、保護者、地域住民が学び合うことを基盤として、すべての大人たちが子どもたちを育み、自らも育っていく。「育み合う母校づくり」が、浜之郷小学校の学校づくりの課題である。

このように浜之郷小学校では、「ケアリングの教育」を学校づくりの大きな柱としている。ところで、「ケア」という言葉について東京大学の佐藤　学先生は、「『ケア』という言葉は、日本語で『福祉』」と訳されているが、本来は、もっと包括的で総合的な意味をもつ言葉である。『ケア』は『気づかう、心配する、顧慮する、気にする、かまう、世話をする、めんどうをみる、好く、愛する、望む、したがる、したいと思う』という意味の広がりをもつ言葉である。その原義に即して言えば『(相手＝対象のために)心を砕く』という意味が、この言葉の本質をもっとも言い当てているといったらよいだろう。」と述べる。(『学びの快楽』世織書房)

学校における「ケアリング」について、私は次のように考える。ケアリングとは、子どもたちがかかえる問題について、なんらかの対策や対応を講じることではない。その前に、子どもたちに問題があることが問題なのではない。子どもたちが育っていく中で、問題はどの子どもにも当然あることととらえる必要がある。

では、ケアリングとは何であろうか。それは、子どもたちに対しての「教師の日々の配慮＝心砕きの心」であり、「他者の喜びや苦しみに寄り添い、魂の重さに気づくという行為」なのである。そして、教師と子どものさりげない優しさや、子ども同士の支え合いを日常の学校生活の中にどう築いていくか、ということである。さらにケアリングは、教師と子どもの応答的な営みであり、教師の心構えの問題なのである。

そして、浜之郷小学校のケアリングの教育を支えているのが「いのちの授業」なのである。

第二章　私たちの構想する学校

「学校でのケアリングの教育」という考えを取り入れ、さらに開校6年が過ぎた浜之郷小学校を、私たちは、どのように創っていこうとしているのだろうか。

「学びの共同体としての学校」を創学の理念とし、子どもだけでなく教師も、保護者も地域住民もが「学び」を接着剤として集い、育み合い、さらに「学びを愛する」コミュニティとしての学校を理想像として描いている。その学びをとおして、子どもたちが自分を再発見し、友だちを再発見し、学問の価値と学習の意味を再発見して『人生最高の6年間』を生み出すことを目的とし、その営みをとおして大人自身も育つ学校でありたいと願っている。

「青年期は人生最高の時期である」とよく大人たちは言う。本当にそうであろうか。実際は、人生の中でもっとも辛い時期を送っているのではないだろうか。その中でも学校は、若者たちがもっとも苦しむ場所になっていないだろうか。何とも出会わず、誰とも出会わず、苦役を尊び、反復を強いられ、将来のために現在を犠牲にするという「勉強の世界」から、対象と出会い、他者と出会い、自己と出会い、そして対話する「学びの世界」へ誘う場所として学校を再構成する必要がある。学校というところは、「学びの快楽」を得て、「人生最高の6年間」を過ごすところなのである。この願いを実現するためには、子どもにとっては「安心と確信」が必要不可欠である。

　近年、子どもたちの「心の居場所」の喪失が指摘されている。本来子どもたちは、他者との社会的かかわりの中で承認され、自尊感情や尊厳を確保すると言われている。しかし、日本では近ごろ家族共同体や地域共同体が空洞化するとともに、いわゆる社会的かかわりが希薄になり、自分を肯定・承認してくれる「心の居場所」が失われてしまった。

　自分が何かができたという満足感、また、社会的に認められているという実感は、社会的なかかわり、つまり他者とのかかわりの中からしか得ることはできない。「心の居場所」を確保するためには、できるだけ多くの他者とのかかわりを組織することが必要である。学校での他者とのかかわりとは、具体的には、多くの人との出会いと対話を学習の過程の中に組織することである。この場合の「人」とは、多くの教師、友だち、保護者、地域の住民であり、これらの人々とのかかわりを、どのようにして学校の中に多く組織するかが鍵になる。

　このような意味においても、担任だけでなくすべての教職員が、また教職員だけでなく保護

学校経営の基本構想図

私たちの構想する学校

学校はどういう場所なのか？

創学の理念

学びの共同体としての学校

私は　あなたといます
　私は　あなたと　学び育ちます
そして　私は　あなたにつらなるたくさんの人たちと
　ともに　学び育ちます
あなたと　私と　そして　あなたたちと私たちが
　たがいに　心をくだき　学びあう
それが　浜之郷小学校の願いです

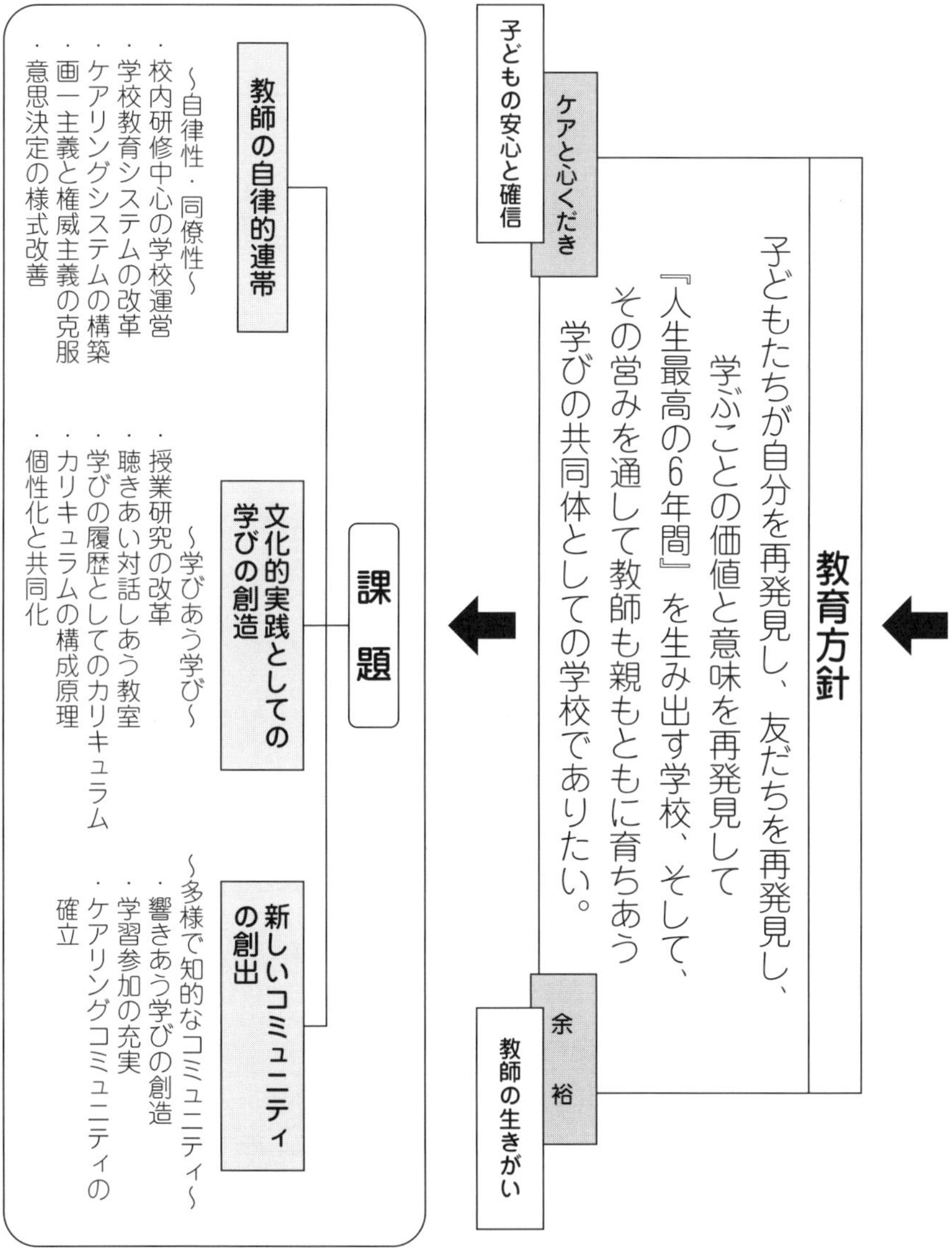
教育方針
子どもたちが自分を再発見し、友だちを再発見し、
学ぶことの価値と意味を再発見して
『人生最高の6年間』を生み出す学校、そして、
その営みを通して教師も親もともに育ちあう
学びの共同体としての学校でありたい。
ケアと心くだき
子どもの安心と確信
余 裕
教師の生きがい
課 題
教師の自律的連帯
～自律性・同僚性～
・校内研修中心の学校運営
・学校教育システムの改革
・ケアリングシステムの構築
・画一主義と権威主義の克服
・意思決定の様式改善
文化的実践としての学びの創造
～学びあう学び～
・授業研究の改革
・聴きあい対話しあう教室
・学びの履歴としてのカリキュラム
・カリキュラムの構成原理
・個性化と共同化
新しいコミュニティの創出
～多様で知的なコミュニティ～
・響きあう学びの創造
・学習参加の充実
・ケアリングコミュニティの確立

者・地域住民や研究者・行政が、いろいろな学習の過程に参加・参画し、子どもたちと多くの出会いと対話を組織していくことが大切である。

このような課題に向かって浜之郷小学校では、いろいろな取り組みを行っている。それらをとおして、すべての子どもたちが教室で、そして学校で安心して過ごすことができ、さらに学びをとおして何かできたことの実感、自分が変わったことの実感を、「確信」として味あわせてやりたい。さらに、人とのかかわりをとおして自尊感情や尊厳、つまり「心の居場所」を確保してあげたいと願うのである。

そのためには、これまでの健康に立脚した強さを求める学校でなく、弱さを自覚した子どもたちと自分の無力さを自覚した教師とが、「ケアと癒し」を含みこんだ応答的な営みを行う場として、さらにはその応答的な営みをとおして子どもたちと共に生きると同時に、大人自らも育つ場として学校を再構成する必要がある。

子どもたちが学校が大好きで、朝起きると早く行きたくてしかたがないような、発表を間違えても誰も笑わない、みんなが聞いてくれる、わからないときには「わからない」と言える、そんな雰囲気の学校をつくりたいのである。つまり、「人生最高の6年間」を過ごさせてあげたいと願うのである。したがって、指導内容や方法など、いわゆる目に見えるカリキュラムより、目に見えない、さりげない優しさや信頼関係など、いわゆる目に見えないカリキュラム（ヒドゥンカリキュラム）のほうが、どちらかというと大事であると考える。

そのための取り組みの一つとして「明るく元気を標榜しない」ということがある。

浜之郷小学校では、「明るく元気」な子どもを求めない。子どもたちは本来、元気でたくましく未来に向かって伸びていくものである。しかし、現実の子どもたちの中に、「明るく元気」に耐えられる子どもたちが何人いるだろうか。ほとんどの子どもたちが何らかの「傷」を抱えて学校に来ている。そういう状況の中で、あまりに「明るく元気」を求めすぎると、その陰の部分が生じてしまい、そこに入ってしまう子どもたちをつくってしまうことになりかねない。それよりも、「しっとり」とした環境の中で「さりげない優しさ」をもった子どもたちを育てたいと願っている。そのための重要な役割を果たすのが、本校が開校以来取り組んでいる「朝の読書」である。

朝の15分間の読書から浜之郷小学校の一日は始まる。浜之郷小学校では、「朝の読書」を「ひとり時間」として位置づけている。子どもたちがひとりになって、自分を見つめる時間である。

浜之郷小学校は管理棟と校舎棟が分かれた建築になっているので、子どもたちの声もほとんど聞こえない。ただ、雨が続いたときや、運動会などの学校行事が近づくと子どもたちのテンションが上がり、いわゆる「キンキン声」が気になる。子どもたちのテンションが高くなると、けがなどの事故も多くなる。そういうことが予想されると、私は教職員に集まってもらい、とにかく朝の読書の充実をお願いするようにしている。このことでほとんどが収まっている。信じられないようなことであるが、ぜひ一度試してもらいたいものである。

子どもたちのテンションが高くなるときには、教師のテンションも高くなっている。したがって、教師のテンションをいかにして上げないかも重要なことである。

このような学校づくりの中に位置づけられて、「いのちの授業」が行われている。

第三章 「いのちの授業」構想の起点

私はがん患者である。しかも転移・再発し「余命宣告」も受けてしまった。つまり、死を不可避なものとして受け入れなくてはならない状況に追い込まれてしまったのである。それが3か月先であれ半年先のことであれ、1年先のことであっても、「死」を不可避なものとして意識せざるを得ない状況は、「いま」という瞬間の「生」を濃密に意識せざるを得なくなる。一日、一日が緊迫する。必死になる。

この状況は、残された時間をどのように生きるべきかを深く考えざるを得なくなる。「死とは、その人の人生が短期間にintegrate（集積）されて出てくるものではないか」という言葉は、私の心を強く打ち、励まし、力づけてくれるものになった。しかも、残された私の時間、人生をintegrateしながら、かっこよく見せるのではなく、最善を尽くして生きよう、と思うようになった。死というのは、人間として成熟する最後のチャンスであると思うようになったのである。どうして私は、今まで死を切実な問題として考えてこなかったのだろうか。

がんによる痛みや苦しみは、限りある命を四六時中意識させてくれる。どうして私は生きることの素晴らしさを感じることができなかったのだろうか。死を直接的に意識しなかったときは、富と名声と権力のみを求める人生であったような気がする。死が不可避なものとなった今、そのようなものが何の価値もなく、求めるに値しないものであることがよくわかってきた。死との対座は、生を自分で見つめることにほかならない。つまり、死を考えるということは、いかに生きるべきかを考えることにつながるのである。

私は、病を得てから感性が鋭敏になってきたように思う。特に「命と家族」について考えさせられることが多くなってきた。そして私は今、死の不安を抱いたままのまるごとの私を、自分で肯定していく姿勢をとりたいと思うようになった。とは言っても、死への不安や恐怖は常につきまとう。その反動というか裏返しというか、それが「いのちの授業」につながったという面も少なからずあることも事実である。

ところで、私にとって死の恐怖は三つある。一つは死という未知の世界への恐怖である。死後の世界がどんなものか、足を踏み入れることへの恐れである。第二に、死に至るまでの痛みや苦しみに対する恐怖である。今は、痛みや苦しみへの緩和医療が進んでいるとしても、大きな恐れとなって私の前に常に立ちふさがるのである。そして、如何ともしがたいのが、家族や愛する者との別れである。これはどうにも乗り越えることはできないと考える。しかし、こういう恐怖を抱きながら、がんと闘う自分を丸ごと受け入れたいと思う。それとともに、生きることの素晴らしさに感謝している。

ホロコースト（大量虐殺）という限界状況の只中での体験記録、Ｖ・Ｅ・フランクルの『夜と霧』の中にも「命と家族」についての記述を見いだすことができる。

「収容所という、考え得る限りの最も悲惨な外的状態、また自らを形成するための何の活動もできず、ただできることと言えばこの上ないその苦悩に耐えることだけであるような状態――このような状態においても人間は愛する眼差しの中に、彼が自分の中にもっている愛する人間の精神的な像を想像して、自らを充たすことができるのである。」

限界状況の中において、死と直面した中での精神的体験である。この「愛」こそが、生死を共にできる「家族の絆」の原点であると考える。また、フランクルは言う。

「ここで必要なのは生命の意味についての問いについての観点変更なのである。すなわち人生から何をわれわれは期待できるかが問題なのではなくて、むしろ人生が何をわれわれから期待しているかが問題なのである。そのことをわれわれは学ばねばならず、また絶望している人間に教えなければならないのである。すなわち、われわれが人生の意味を問うのではなくて、われわれ自身が問われた者として体験されるのである。」

　われわれ自身が問われた者であるという思想は、まさにがん患者としてよく理解できる。自らが「問われた者」だという認識をもったとき、そこから湧き出てくるものは「毎日毎時、正しい行為によって応答しなければならない」という、限りある日々に対して自分自身を辱めることなく精一杯誠実に生きることしかない、ということである。「いのちの授業」の構想の起点もここにある。

　一方、「悲しみの復権」ということも、この授業を構想するきっかけであった。それは、少年少女時代に他者の不幸に悲しみを感じ涙を流すという経験をするのを排除して、「明るく、楽しく、強く」という価値観だけを押しつけると、その子の感性も感情生活も乾いたものになってしまわないかという危機感である。「いのちの授業」の教材は確かに重いもので明るいとは言えない。しかし、命や家族について考えることをとおしての子どもたちの悲しみの感情や涙は、実は心を耕し、他者への理解を深め、すがすがしく明日を生きるエネルギー源となると考える。

また、「いのちの授業」は、近年実践している「デス・エデュケーション」の一環でもある。学校の中で「デス・エデュケーション」の必要を感じたのは、次の理由による。それは、教育の中であまりにも非日常的なものにされてしまった「死」を、「タブーの世界」から「開かれた世界」に引き出し、誰でもが自然な気持ちで話し合えるものとする必要があるのではないかという考えからきている。「死」を考えることによってはじめて真実の「生」を考えることができるようになる。「死」を語ることで生きることの意味、命の重みを伝えていきたいと考える。

いずれにしても、憂うべき社会状況の中で、命のつながりや重さを子どもたちに伝えたいと願う。

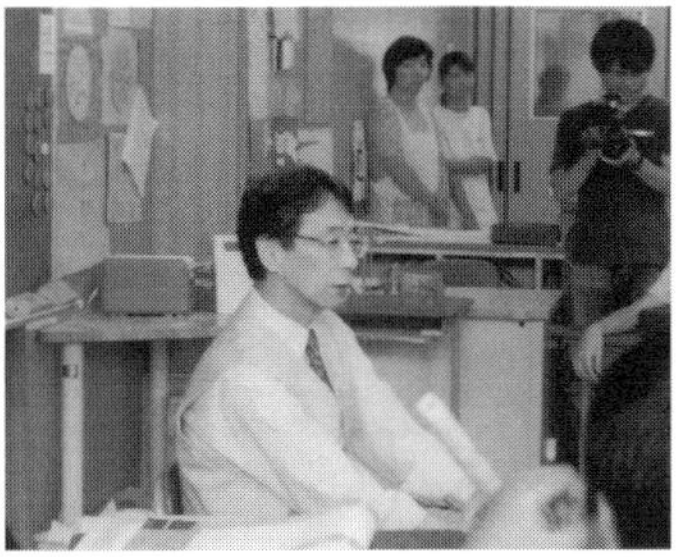

第四章　「いのちの授業」で子どもたちに伝えたいこと

子どもたちに「いのちの授業」をするうえで、命についてどのように考えればよいのであろうか。私は「命の三相と『とらえ』の三層」ということで理解したいと考えている。

まず、命は三つの側面でとらえることができると思う。一つが「個体としての命」である。個々の、あるいは一人ひとりの命である。これは「限りがある命」である。次が「種としての命」である。これは、人間として、種族として、あるいは家族としてリレーされる命である。有限な命に対して「連続する命」と言っていいだろう。そして三つめに、「心としての命」、「魂としての命」である。有限な命、リレーされる命に対して、これは「無限な命」であり「永遠の命」と考えることができる。

命についてこの三つの相がある。さらに、『とらえ』の三層として「個体としての限りある命」から、親から子へそして子から孫へ「連続する命」、さらに人の心に残る「永遠の命」がある。このように、子どもたちには命について浅い理解から深層へと踏み込んで、「命の三相と『とらえ』の三層」を理解してもらいたいと願っている。

また、「いのちの授業」をとおして直接的ではないとしても、授業の結果として、私は、三つのことを伝えたいと願って授業を行っている。

一つは、命は誰にも等しく「限りがある」ということである。日本女子大学の中村博志教授のアンケート調査によれば、小学校高学年に対する「一度死んだ人が生き返ることがあると思うか」との質問に、「ある」と「ない」と答えたのは同数（33・9％）で、「わからない」と答えたのは31・5％であった。私はこの結果をみて愕然とした。「死んだ人間が生き返る」という蘇生感をもっている子どもがこんなに多いことに驚いたのである。このことをしてコンピュータ・ゲームを主とするバーチャル・リアリティ経験が人間の蘇生感に影響を与えている、という指摘もある。また、身近な人の死に出会った経験の無さを指摘することもできる。いずれにしても、「死」を知識として理解するためには、それなりの「学び」が必要なことは言うまでもないことであろう。この意味においても、命には誰にも等しく限りがあるということを、「いのちの授業」をとおして伝えていきたいと考えるのである。

次に伝えたいことは、命は縮めることはできても、延ばすことはできない、ということである。だからこそ命には尊厳があり、自分自身も他者もけっして命を縮めてはならないし、自分自身を辱める行為もそれに匹敵することである、ということを伝えたい。

さらに、人間が生きていく中では、どちらかというと辛いことや苦しいことのほうが多い。そういうとき、安易に自分の命を縮めたり、辱めたりすることがないようにするためには、自分を支えてくれる「もの」をもつということである。それは、何かを信じる心であり、あるいは家族である、ということを最後に伝えたいと願っている。

第五章「絵本」の読み聞かせ

私にとって、死への不安・恐怖を和らげてくれたのが絵本であった。

そこで、私の「いのちの授業」は、絵本の読み聞かせから始まった。

〈授業の実際〉**（第二部、第一章「絵本」の読み聞かせ　参照）**

「いのちの授業」を始めたころの授業は、次のようなものであった。

○がんという病気について話す。

○自分ががん患者であることを知らせる。

○死の不安・恐怖から救ってくれたのが絵本であったことを知らせる。

○絵本の読み聞かせ

『わすれられない　おくりもの』（スーザン・バーレイ　作絵　評論社）

『１００万回生きたねこ』（佐野洋子　作絵　講談社）

『ポケットのなかのプレゼント』（柳沢恵美　作　ラ・テール出版局）

○感想を絵や作文に書いてもらう。

授業というにはあまりにも単純で、子どもたちは、ただ私の話と本の読み聞かせを聞くだけである。その後の「いのちの授業」は、素材を教材化したり、話し合いの場面を組織したりして、いわゆる授業らしくなっていった。

ただ、最近になってそのころの「読み聞かせ授業」の感想文や感想画を見ていて新たな発見があった。それは、「授業らしい授業」後の感想文に比べて、「読み聞かせ授業」のほうが、実に素直な子どもの内面がうかがえるものが多くある、ということである。その中には、いわゆる小さな物語が語られていた。

ここでそのいくつかを紹介しよう。

●私は今日校長先生に「いのちの学習」をとおして教えてもらったことがいっぱいあります。いままで私は、死にたくない、怖いと思っていましたが、校長先生のお話を聞いて、「死ぬことは生きること」ということを教えてもらいました。たとえ身体はなくなっても、心はまだ生き続けていると思うとうれしいです。だから、私は一日一日を大切に生きていきたいと思います。今日の校長先生の授業は、私の人生の宝箱に大切にしまっておこうと思います。

（6年　池田　ひとみ）

この子は、よく職員室や校長室に遊びに来て、軽く冗談を交え話す子であるが、こんなに深く受け止めてくれたことが、うれしい。

●今日の校長先生のお話を聞いて、驚きました。先生が僕たちに自分の病気のことを打ち明けてくれたことです。人間は、必ず死んでしまう、でも僕は毎日の生活の中で死を考えたことはあまりありません。だけど、生きていることは同時にいつ死ぬのかわからないことです。だから、校長先生の話してくれたように、毎日毎日、生きていることを大切にして自分が生きている証を残したいと、僕も思いました。校長先生は普通に話してくれたけど、先生が本当に死んでしまうかもしれないなんて悲しいし、信じたくないです。もっともっと長く生きてください。僕は浜之郷小学校も好きだし、校長先生のことも好きです。だから校長先生、病気と闘ってください。僕も目標を持ってがんばります。今日のことは忘れません。

（6年　栗崎　歩）

この子は、常に家族を支えとして生活しているお子さんである。でも、そのご家庭も、この

社会状況の中でいろいろと課題を抱えていらっしゃることも事実である。その中で本人は一生懸命にがんばっているし、それをうかがうことができる文章である。

●校長先生、今日は貴重なお話をありがとうございました。校長先生の身体が、今そのような状態だったとは、想像もしていなかったので、私にとってはとてもしょうげきてきなお話でした。私は、今日の校長先生の授業で、生きること死ぬことを深く考えました。死ぬことってどんな事なんだろう。生きることってどんな事なんだろう。それを考えると「今」ってとても大切なんだなとおもいました。もう生きられない、そうおもっても今を一生けんめい生きることが大切なこともわかりました。それに、自分だけじゃなく家族、友だちがどんなことでも支えてくれるということも心に伝わりました。校長先生、私は今を一生けんめい生きていきます。死んでしまった時、みんなの心に残るような人になりたいです。生きることの大切さ、幸せをいっぱいいっぱい感じていきます。（6年　山本　怜奈）

私は、退院後自分の病状について、教職員に話していなかった。それは、余命宣告を受けてからも同様である。ただ、子どもたちには授業をとおして、素直に事実を話していった。そのことが、子どもたちに素直に受け入れられたと思っている。

●ぼくは、校長先生の話を聞いてはんぶん感動しました。だけど、校長先生がいきなりあのようなことをいうとは思いませんでした。ぼくのお母さんも心配しています。そして、ぼくたち6年生が卒業するときの卒業証書の名前を書いてください。校長先生の病気がなおったらいいですね。がんばってください。ぼくももし、校長先生のように病気にかかってしまったら校長先生みたいにがんばって、せいいっぱい命をたいせつにしたいです。(6年　沢島　浩)

この読み聞かせの授業を行ったときは、正直に言って卒業式まで身体がもつとは思っていなかった。しかし、このような子どもたちの励ましの言葉で命が延び、無事に卒業証書の記名も終えることができた。これも子どもたちからエネルギーをいただいているお陰なのだろう。

●人が死ぬということをはじめて実感したのは、私が2年生の時におじいさんが亡くなった時でした。人が死ぬとは、今まで話をしたり、目の前にいた人が、突然いなくなることです。どんなに会いたくても会えなくなることです。私は、今日の校長先生のお話を聞いて、いつもは、あまり考えたことのない「生きること、死ぬこと」について考えることができました。生きているものには、じゅ命があります。私の家の犬もいつかは死にます。だから生きている間は一生けんめいかわいがって大切にしてあげたいと思いました。また、友だちや人にもやさしくせいいっぱい生きていたいと思いました。（6年　鈴木　芳子）

この子は、ふだんからご両親の豊かな愛情につつまれて育っているお子さんである。文章からも素直な気持ちが読みとれるし、私の授業のねらいを的確につかんでくれていることがうれしい。

●ぼくはちょうど1年ちょっと前、ぼくの弟がなくなりました。ぼくの弟は、5歳の時に死んでしまいました。校長先生のお話で、命の大切さを、今言葉では言いきれないほどわかります。ぼくも一日一日元気に生きていきたいと思います。校長先生も長生きしてください。命の大切さは、忘れません。本当にありがとうございました。一生忘れません。
（6年　伊原　幸洋）

自分の悲しい思い出を思い起こさせたのかもしれない。でもその悲しい思い出が今、この子を支えているのだと思う。私の伝えたかったことが、この子の悲しい物語をベースに確実に伝わったと確信がもてる。

●ぼくは今、将来の夢はないけれど、校長先生みたいに病気でも、お母さんのためとかに生きて、今も一生けんめい生きる。（6年　桑原　啓太）

この授業を行ったとき、このお子さんのご家庭に新しい生活が始まる話が出ていた。それに対してこの子は、「お母さんが幸せになるのならぼくはいいよ」と答えたという。お母さんを大事に思う、この子の気持ちが痛いほど伝わってくる。

最後に授業後に書いたある子の絵について述べたい。絵に添えられたコメントは次のとおりである。

●いきなり頭に赤ちゃんの絵がうかびました。自分なりに書いたんですけど、どうですか。
（6年　中村　正男）

絵の中の赤ちゃんは彼自身であろう。私は紙面の左側に描かれた女性と思われる人物が気にかかった。差し伸べられた手と足先が一部しか描かれていないのである。また、私の授業からどうして「いきなり頭に赤ちゃんの絵」が浮かんだのだろうと思っていた。

実は、この授業を行ったころ、彼は家族の不安を自分では背負いきれずにいたのである。誰にも相談せず、友だちと楽しげに遊んでいた。むしろ、はしゃぎすぎる感じもあった。このころ担任は、テンションが高いままの彼の言動が気になっていたという。そのことを養護教諭も気づいていた。この絵を私は、彼の無意識の叫びと理解した。そして、この絵から彼は「お母さんっていいなぁ。でも、今はそれはだせない…。自分でどうしたらいいのかわからないよ」という、メッセージを発しているのではとも思えるのである。そのような状況の中で、『ポケットのなかのプレゼント』を聞いたとたん、ふっと母親のことが思い出された。そして、それが「いきなり」という言葉で語られたのであろう。その叫びを「聞いてほしい」「わかってほしい」という、本人でさえ気づかない気持ちが「どうですか」の問いかけの言葉となったのではないだろうか。

考えるに、絵本をとおしてこの子は教材の世界に入ることができ、結果として「癒された」のであろう。絵本の世界の親子、家族について思うことにより、現実的ではないけれど、よいときの家族の思いを巡らすことができたのであろう。この絵本から、母親とのつながりや温かい家族の思い出が浮かんできたのである。

やはり、絵本の力はすごいと思える。構成などへんに考えすぎた授業より、語るだけのシンプルな授業も力があるということを再認識した。

その他、教材として使用した絵本は次の作品である。

「あおくんときいろちゃん」（レオ・レオーニ　作　至光社）
「きみのかわりは　どこにもいない」（メロディー・カールソン　文
フォレストブックス　いのちのことば社）
「でんでんむしの　かなしみ」（新美南吉　作　大日本図書）
「こいぬのうんち」（クォン・ジョンセン　文　平凡社）
「クマよ」（星野道夫　文・写真　福音館）

第六章　絵本「わすれられないおくりもの」の授業　5年

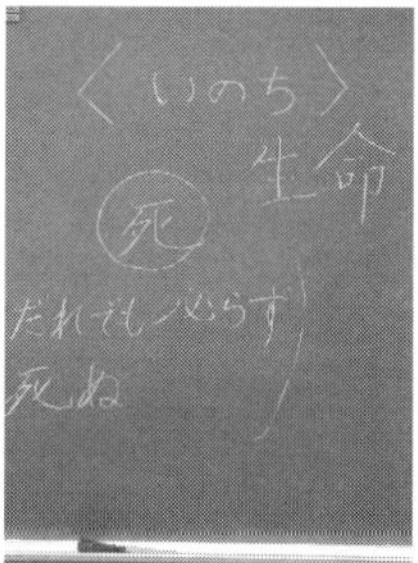

読み聞かせの授業を何回か続けるうち、自分の闘病生活を具体的に話すことを加えて、より「授業らしく」組み立てよう、という思いをもつようになった。その思いは、私が余命宣告を受け、なおかつ食事がほとんどとれなくなってから一層強くなった。そういう中で実践したのが、絵本『わすれられないおくりもの』の授業である。

〈授業の実際〉（第二部、第二章絵本『わすれられないおくりもの』参照　ただし、ここの記述は他の4年生のクラスでの実践もふまえている。）

「親戚や近所の人で、最近亡くなった人はいませんか」と尋ねた。すると、「おばあちゃんが……」「おじいちゃんががんで……」と、子どもたちが身近な体験を答えてくれる。ここで私は、「日本中で1年間に約百万人の方が死亡していますが、そのうちの約30万人が、がんで亡くなります。実は、私も3年半前にがんにかかり胃を全部とりました。がんは身体のあちこちに飛んでいろいろな悪さをします。それで、私は昨年の春に、お医者さんから『あと3か月か半年の命です』と言われました」

と、話した。すると「でもまだ生きているじゃない」と、子どもたち。

「お医者さんにも不思議だと言われています。生きていられるのは、きっと君たちからエネルギーをもらっているからだと思うよ。でも、身体の中はがんでいっぱいだから、ご飯もほとんど食べられないんだ」

と、続ける。それに応えて、「食べられないのに、どうして平気なの？」と、疑問の声が上がった。

「かばんの中に入っている栄養を、首のところに穴を開けて、身体の中に送っているのです」

と、私は肩からかけている栄養の「点滴装置」を見せて説明した。子どもたちからは「お風呂はどうするの？」「寝るときは」などの質問が出て、それに丁寧に答えた。

そして「いのち」と板書する。

「がんになって、命のことをすごく考えるようになりました」と話し、さらに、子どもたちが昨年度取り組んだ『カマキリ観察日記』を出して、「カマキリのデッカムは半年間生きたね。人間もデッカムも生き物は必ず死ぬ。だから、命って限りがある」と説明する。

続けて私は、『カマキリ観察日記』の一節を読み上げた。そして、「デッカムの卵には命がいっぱい詰まっているよ」「これはどういうこと?」と、問いかけた。子どもたちは「デッカムの命がつながっている」と答え、私は「そうだね。命って、リレーされているんだね」と確認し合った。

次に私は、1冊の本を読み聞かせた。

「アナグマは死ぬことを恐れてはいません。死んで体がなくなっても心が残ることを知っていたからです」

動物たちにたくさんの温かい思い出を残して死んでいったアナグマを描いたスーザン・バーレイ作・絵の『わすれられないおくりもの』（評論社）だ。

「今のお話を聞いて、心ってどんなものだと思った?」と問いかけると、子どもたちは「思い出の中に生きている命」「助け合う命」「永遠の命」などと応えてくれた。私は、「いい言葉をくれたね。心って永遠の命だね」と話し、この授業を終えた。

〈授業についての感想文から（5年生）〉

●校長先生、授業ありがとうございました。はじめにがんの話をしたので「私はがんですなんて言わないで―」と思っていたら、本当に言ったのでびっくりしました。私のお母さんは車の事故で死んでしまいました。私はちょっと涙が出そうになってしまいました。でもアナグ

マさんのお話を聞いて、その本が好きになってしまいました。これからも授業をおしえてください。（5年　浅井　まりな）

●「いのちの授業」をうけて、いままで以上に「いのちって深いんだな」と思いました。最近、殺人事件とかについてニュースでよく聞くけど、殺した人は「もう死んだ」とか思うかもしれない。でもたましいは残っている。その人の子孫にも、いのちはつながっているから、外は死んだかもしれないけど、中はまだ生きている。殺人とかする人は、いのちを大切にしていないし、いのちを深く考えていないと思う。この授業を受けていたら、殺人なんてしていないと思う。私は、この授業を受けていなかったら、いのちはつながっている、とか考えなかったと思う。この授業は、算数や国語より大切な授業だと思いました。
（5年　和田　真帆）

●人は、おなかの中に何百万とある中から選ばれて生まれると聞いたことがあります。私は、「もし選ばれていなかったらどうなっていたんだろう」と考えたときがあります。『わすれられないおくりもの』という本は私も読んだことがあります。人が死んでしまう時は、あなぐまさんのように、長い長いトンネルの夢を見るのかな？　と考えました。私は、おばあちゃんの顔をおぼえていません。おばあちゃんは写真にうつるのがきらいで、若いころのでも数枚しか見たことがありません。とってもとってもやさしい人だったのをおぼえています。

（5年　田中　真奈美）

●「いのち」について、ときどき「大切なんだぁ」とちょっと思うこともあるけれど、今日の授業で本当にいのちって大切なんだ、としんけんに考えてしまいました。とくに、「えいえんのいのち」ってなんかいいなぁ、と思いました。これからは、できるかぎりいのちを大切にしようと思いました。『わすれられないおくりもの』もとってもいい本だと思います。やっぱり死ぬのはこわいと前から思っていて、ずっと子どもでいられたらなぁ、と思っていたけど、この授業のおかげで、大人になって子どもを産んだら、その子を大切に育てて、もちろん、この授業のことも話してあげるつもりです。だから、子どもをいっぱい産みたいなぁ、と思っています。この授業を受けてよかったと思います。（5年　佐々木　樹里）

●校長先生が「薬で生きている」とか最高で6か月しか生きられないかもしれない、というのをはじめて聞いてびっくりしました。「命」とは大切なんだなぁ、と思いました。それから本を読んでくれたとき、ちょっぴり泣きそうでした。「永遠のいのち」は人にとって自分の体よりも大切な「宝物」なんだと思いました。校長先生の体がなくなっても私たちの心の中では生きていくと思います。（5年　大山　美里）

●ぼくは今まで命のことなんて考えたことはありませんでした。5月におじいちゃんがなくなったときは、なんでこんなふうに命がなくなってしまうのかがわかりませんでした。今日、校長先生の話を聞いて、おじいちゃんみたいな脳出血でなくなる人はたくさんいるのがわかりました。生き物は自分の子どもに命をうけつぎ、自分のかわりに生きてもらい、それを永遠の命としてうけついでもらうのですね。自分のじゅみょうはみじかくしてはいけないことが校長先生の授業でよくわかりました。（5年　小原　洋平）

授業といってもたいへんシンプルな授業であるが、このように深く考えてくれたことがうれしい。そして、この授業をとおして、私自身が多くのことを学ぶことができた。「家族」について、「命」について、そして「愛」について。授業構想から、あるいは授業をしながら、授業後の研究会をとおして、そして子どもや保護者の感想文を読みながら、私自身が変わっていった。まさに「学ぶことは変わること」を実感している。

第七章「家族・いのち」の授業

浜之郷小学校では開校以来、カリキュラム研究の1領域に「いのちの学習」という領域をとらえ、実践の集積を行っている。学校長も、ささやかながらその一部に加えていただいている。平成14年7月4日に行われた浜之郷小学校授業研究協議会で、3年2組山田陽子教諭の『いのちの授業―今わたしにとって大切なもの―』が公開された。その授業の導入部での「今、自分にとって大切なものは何か」という発問に対して、子どもたちから返ってきたものの中に「家族」と「命」が多いことが印象深かった。

この家族と命については、以前よりなにか授業にできないかと考えていたことであり、授業を見て以来、頭から離れなくなった。また、私の尊敬する元青森県十和田市立三本木小学校長の伊藤功一先生の「家族の絆」という、道徳の授業の追試をいつかやってみたいという思いもあった。この二つの思いが交錯して「家族・いのち」という授業を構想した。

平成14年8月5日、私は群馬県吾妻郡嬬恋村鎌原の観音堂に立っていた。この日は、奇しくもあの「浅間の大噴火」から数えて２１９年めの被災の日であった。一瞬にして多くの村人の命をのみ込み、村を埋没させた土石なだれが発生した午前11時ごろ、観音堂は先祖の霊の供養のために集まった人々、そして多くの参詣者や観光客で混雑していた。その時刻、その場所にたたずんだ私は、異様な感動をおぼえずにはいられなかった。命とはなんだろうか、家族の絆とはなんだろうかと、自らに問いかけていたのである。ますます授業への思いは強くなった。

〈教材の一次解釈〉

天明3年（１７８３）旧暦7月8日の昼四ッ半——、今でいえば8月5日の午前11時。真夏の白昼の出来事である。その日の浅間山の大噴火は、それまでの小噴火で山腹に堆積した土砂・岩石を巻き込みながら、巨大な土石なだれと成長し、北麓の村々を襲い、利根川上流の吾妻川に鉄砲水を起こし、死者・行方不明、実に2千人と称される日本火山災害史上未曾有の大惨事をもたらした。ことに群馬県吾妻郡嬬恋村鎌原地区——、当時の幕府直轄領・鎌原村の宿は、あわれをとどめた。住民５７０人のうち４７７人までもが、この「浅間押し」にのまれて死亡、全村９３戸すべてが瞬時にして埋没し去ってしまった。助かったのは、村を偶然離れていた者と観音堂に逃げ上がった93名のみであった——、と記録されている。

被災２００年を間近にした昭和54年の夏、鎌原の地で専門家による本格的な発掘調査が行われた。その結果、埋没家屋や当時の生活ぶりをうかがわせる数々の出土品が、土石なだれ堆積層の中から現れた。その昭和54年の第一次発掘の中心地となったのが、観音堂の「石段下」であった。

発掘2日め、地下約5メートル、石段数にして上から48段めないし50段め付近に、折り重なって倒れていた2体の遺骨が発見された。一人は、骨盤が発達し、頭髪は一部白髪、歯の摩耗などから60歳前後の女性とみられた。対照的に、下の遺体は頭髪が黒く、若い様子だ。遺体を見た調査団は「上の婦人は、浅間爆発で噴き上げられた軽石などの落下から頭を守るため、綿入れ頭巾をかぶっていたと思われる。下になった遺体の人が、この婦人を背負って高台の観音堂に逃げ上がろうとしたが、間に合わず、石段に足をかけたところで襲ってきた土石なだれにのまれたのだろう」と推定した。

二人の関係は、母と娘だったのか、姑と嫁だったのだろうか。いずれにしても、折り重なっていた遺体の発見状況からみて、下の女性が老女を背負っていたことは間違いない。浅間の大爆発に追われて、腰の曲がったおばあさんに頭巾をかぶせて背に負い、高台にある観音堂をめざして避難する途中、押し寄せてきた土石なだれに二人もろとも押し倒されて、そのまま土に埋まった。その悲劇が、タイムカプセルを開いたように２００年後の今、はっきり現れたのである。2遺体が発見された場所は、石段の最上部から数えて48〜50段め付近であり、観音堂に残る言い伝えの句「天めいの生死をわけた15段」そのままに、二人はあと30数段駆け上がれば助かっていたことになる。

〈教材の二次解釈と私の想い〉

群馬県吾妻郡嬬恋村鎌原の観音堂石段下で発掘された二人の遺骨女性の関係は、母と娘だったのか、姑と嫁だったのか、それとも隣人同士だったのか。いろいろ想定されるが、それぞれの場合で二人の心理状態を考えてみること、そして、二人の関係が他人の場合と家族の場合とを比較してみることによって、家族の絆について考えていきたい。つまり、「生死を共にできる関係」が家族の絆であり、それは必ずしも「血のつながり」を必要としない。夫婦や隣人でも生死を共にできるような強い絆で結ばれるのであり、それが「家族」であり「家族同様の関係」であると言える。そして、人間が生きるうえでもっとも大事なものが家族の絆であると考える。授業をとおして、このことを子どもと共に考えていきたいと思う。

いずれにしても、鎌原観音堂に立ったときの私のいいしれぬ感動を、なんとかして子どもたちに伝えたいと願う。

授業
資料一覧

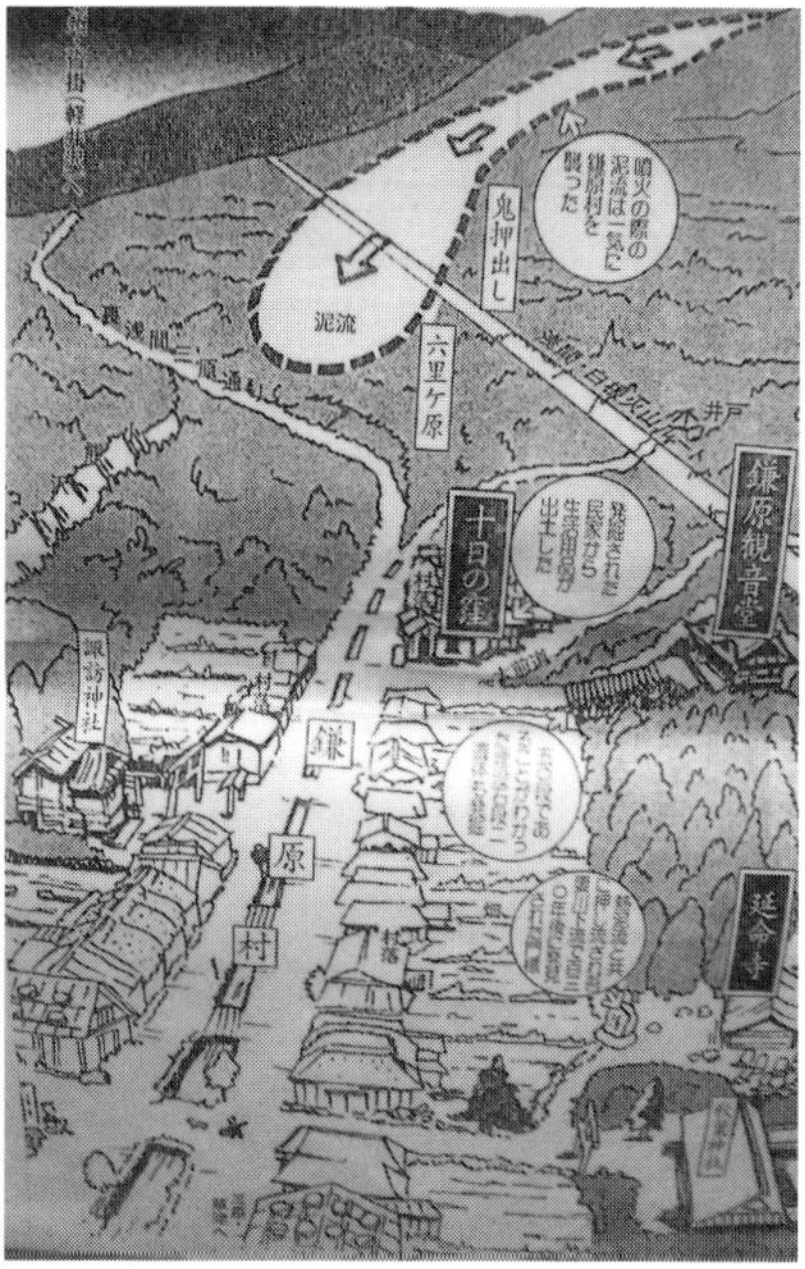

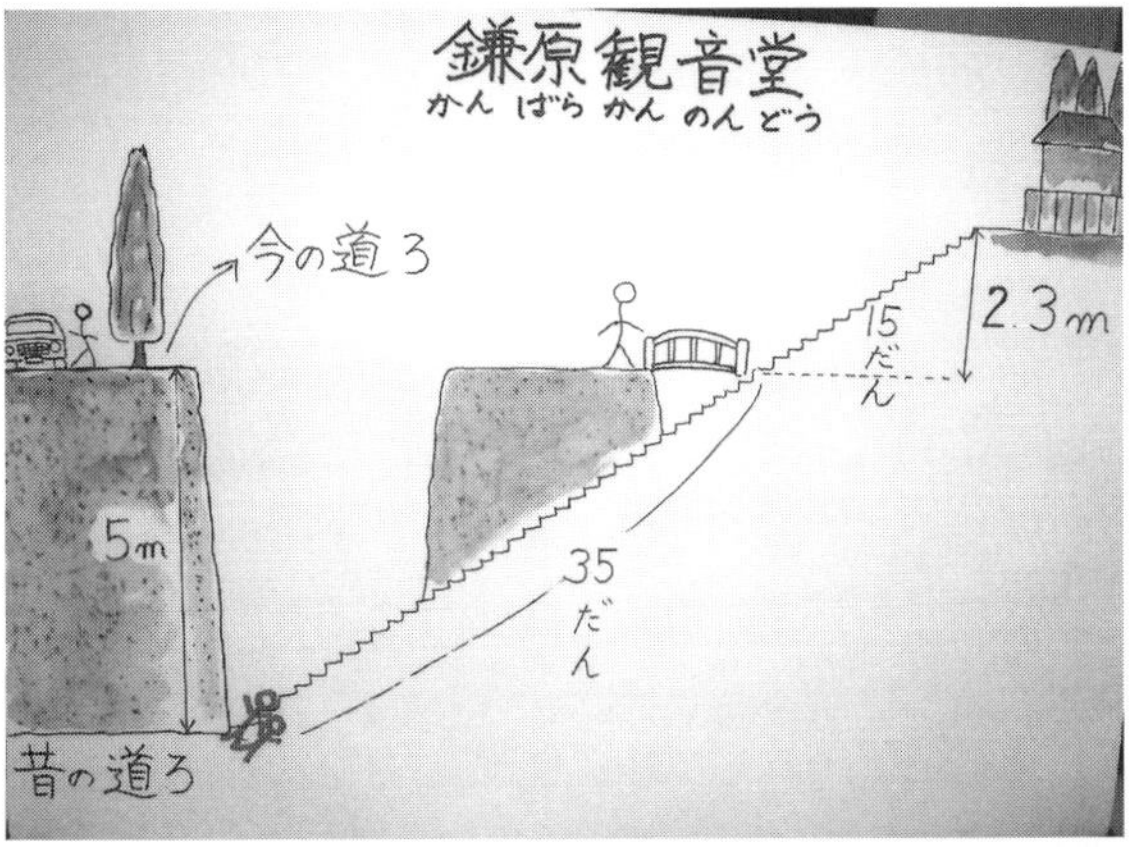
鎌原観音堂《かんばらかんのんどう》
今の道ろ
15
だん
2.3m
5m
35
だん
昔の道ろ

〈授業の実際〉（第二部、第三章「家族・いのち」参照　ただし、ここの記述は他のクラスでの実践もふまえている。）

２００２年9月末、6年生のあるクラスにお願いして「家族・いのち」の授業をさせてもらった。授業を行うにあたり、『埋没村落鎌原村発掘調査概報』（嬬恋村教育委員会刊）から引用した発掘当時の2体の遺骨の現場写真、鎌原観音堂で配布している観光パンフレットに掲載されている「鎌原村を襲った泥流の図」を拡大コピーしたもの、遺骨が倒れていた位置を示すための石段の断面図を資料として作成した。授業では、最初に鎌原村の位置や浅間山噴火規模などについて説明するのではなく、2遺体の発掘写真を見せて、その写真の内容を想像することから始めた。子どもたちは、殺人事件だとか、戦争による死者だとか、地震による死者だとか、いろいろ想像を巡らした。その中で、石段の発掘写真ではなかろうか、という意見が出たところで「石段の断面図」を提示した。同時に、鎌原村の説明と天明の浅間山大噴火について説明をし、そのときの「土石なだれ」によってのみ込まれてしまった人のものであること、助かったのが観音堂に避難した93名だったことなどを説明した。

ところで、写真に写っている2体の遺骨は、一見したところ1体にしか見えない。実は、2体の遺骨であることを確認するとともに、医学的な調査によって判明した性別や年齢や健康状態などを補説し、2体の女性の遺骨が折り重なっていたわけを考えさせた。この発問に対しては、逃げ遅れたからだとか、若い女の人がおんぶしていたという意見が多く出た。

次に、この授業の中核的な問いである「この二人の女性の関係」を想像させた。ほとんどが親子であると考えたが、そのほかに隣の人とか、逃げる途中に出会った人とか、あるいは嫁と姑という意見も出てきた。では、なぜそのように考えたのかを丁寧に聞いていった。このことから「家族とは何か」や「家族の絆」について考えさせたいと思ったからだ。ところが、ここから授業は泥沼に入ったように膠着状態になった。その状態のままで授業は終了し、何かすっきりしないものが残る結果となってしまった。

授業後感想文を書いてもらった。

●二つの骨は重なっていることからして、40歳の人が60歳の人をおんぶしていたなどという事がわかり、この二人は親子か他人かなどという事で議論がとびかいました。僕の考えは他人だったらふつうは助けないと思い、「親子だと思う」と言ったけど、他人だった場合の立場に立って考えると、「助けてほしい」と思う気持ちも強くなり頭の中がごちゃごちゃになってしまいました。この授業をふりかえって感じたことは、いかに自己中心的だということでした。

（6年　内山　克也）

●私は二人の関係を家に帰ってからもずっと考えていました。やっぱり私は親子だと思います。私だったら、そんなに助ける余裕がないし、他人のことなどより自分のことを一番に考えるので……。（6年　大橋　真希）

●ぼくはやっぱり親子でしょ。やっぱり他人をたすけるなんてきんきゅうのときには、できない。40歳の人のたちばになると、やっぱりたすけないかな？　げんじつだったらたすけるかも。自分が60歳の人だったら、たすけてほしいとは思うけど、他人をまきぞいにするのもな―。（6年　鈴木　照之）

●校長先生、旦那さんは先に逃げたんですか？　僕の父なら僕の母や僕たちを置いて逃げないと思います。（6年　山上　大紀）

一人ひとりの子どもたちが、家に帰ってからも真剣に考えている。そのとき、その子のおかれている家族の状況をもとに考えているところがたいへん興味深い。それぞれの子どもたちに、そして家族にいわゆる「小さな物語」が生まれていることが、たいへんうれしいことである。

第八章　「つくられた新しい家族」の授業

鎌原観音堂の生死を分けた15段という歴史的事実を踏まえた「いのちの授業」は、その後も異なった学年で実施し、その回数は6回を数えた。どの教室でも、子どもたちから多様な意見が提起され、一つひとつは満足のいく授業となった。

しかしながら、このころ私の中では、もう一つの構想が頭をもたげ始めていた。それは、新採用を含めた若い浜之郷小学校の教師たちに、私の「いのちの授業」を生み出す過程を公開し、質の高い授業づくりに向けての方向性を示せないかという思いであった。

浜之郷小学校においては、校内研修をとおして着実に教師の技量がアップしていることは、目に見えて明らかだった。しかし、授業をどのように形作っていくかという点については、常日ごろから物足りなさを感じていた。そこで、「いのちの授業」を私一人ではなく、私を入れたチームで作っていくことで、授業づくりの基本を浜之郷小学校の次世代を担う教師たちに伝えていこうと試みたのである。もちろん、これには私の体力の低下も無関係ではなかった。平成

15年の夏を迎え、もう自分だけでは今までのような授業づくりは厳しかったのである。

さっそく、研修主任に指示して、チームの編成にあたるとともに、授業の構想にとりかかった。もともと、私は教員のときも、指導主事であっても、社会科の授業づくりに積極的に取り組み、社会科の授業が好きであった。その私だからこそ、伊藤功一先生の追試とはいえ、鎌原における歴史的事実を「いのちの授業」として授業化する道を選んだのである。

そこで、今回もまず授業の素材を社会事象から探すことにした。エピローグで後述する「高田馬場駅での救出事件」や「雲仙普賢岳の災害」、また、8月に突然ご訪問をいただき、私の「いのちの授業」を表彰していただいた、台湾のとある基金創設のドラマなどの授業化も考えていたが、なかなか発想が広がってはいかなかった。子どもたちの実情や、素材の教材性、また「いのち・家族」という授業のテーマ性を考えれば考えるほど、「いのちの授業」として何をどのように授業化するかの踏ん切りがつかなかった。

どうしようかと悩むうちにあっという間に2週間がたってしまった。健康な人たちにとってはなんともない2週間であろうが、私にとっては貴重な2週間である。何を教材化するかが、焦りにも似た存在となって私に覆い被さっていった。そんなとき、前述した「カマキリのデッカムの授業」を構築した松永教諭との会話を思い出していた。

松永教諭たちは、前述した鎌原の最後の15段の授業を開始した平成14年の11月に有志で鎌原観音堂を実際に訪れていた。その際に、松永教諭は「最後の15段という、自然災害に際しての歴史的事実を現地に行って、より理解できたと感じていますが、それ以上に災害後に村として行った家族の再編という事実のほうが感動しました」と、伝えてくれていた。この事実は、私も書籍から知ってはいたが、この会話を振り返った瞬間、自分の中で点と線がつながった気がした。

前回の鎌原の最後の15段の授業では、その素材性から「いのち」という側面が強調され、「家族」という大切なテーマが薄くなってしまっているという思いが、授業をしている最中から脳裏を離れなかった。その中途半端な思いからか、鎌原の15段の授業のその後の授業化をためらっていた自分がいたのかもしれない。社会科の授業化の段階では、よく「授業をあたためる」という表現を使うことがある。今回もたった2週間ではあるが、私にとっては非常に長い時間を要してあたためた結果、やっと何をどのように授業化していくのかの方向性が見えた一瞬だったと言えよう。

授業化のテーマは「いのち・家族」。その素材を鎌原観音堂の生死をわけた15段のその後の村存続をかけた家族の再編のドラマに求めることに決まった。次は、どのように授業化していくかに取り組まねばならない。

当初、職員の若手を中心として授業づくりを行いたかったが、あまり人数が多くなってもよい授業づくりは望めない。そこで、研修部を中核にして、実際に授業を若い教師たちの教室で行っていくことで、その教室の担任である若い教師を巻き込んで授業化を図っていくことをめざした。そこで何名かの若手の教師の名前が挙がったところで、研修主任からある提案があった。

それは、複数の教師たちと並列に授業化を推し進めるのではなく、ある一つの学級と一人の教師に寄り添う形のほうが、子どもたちの実態や教師と子どもたちの関係性が把握しやすいので授業化がやりやすいということ。さらに、その寄り添われた教師自身の今後の授業づくりに大きく寄与するのではないかということだった。これには説得力があった。なぜなら、その当時研修主任を勤める教師自身が、その数年前に私と社会科の名産品をめぐる授業づくりを体験することによって、教師として大きく成長していたからである。

では、誰とともに今回の授業化に臨むのかを考える時点で、その年、市内の小学校から転任してきたばかりの森田教諭の名前が挙がった。新採用教員として着任した前任校で３年という月日を、どのように過ごしてきたかは未知数であった。自分の中に、知らず知らずに刷り込まれた教師文化・学校文化の存在に着任４か月で薄々は気づき始めているようであったが、私の目にはまだまだ行動の変化は映し出されてはいなかった。しかしながら、そのような未知数の教師に大きな期待をかける研修主任の姿勢や、若手の教師の育成に私自身が臨めることのうれしさもあった。こうして、人員や授業化の具体的方向性が決定したのである。

８月のお盆が過ぎてすぐに、研修部と森田教諭と私で、「いのちの授業―鎌原観音堂その後」の授業化へ向けての検討会を開催した。冒頭、前述したような今回の授業化への思いや方向性を参加者に伝えると、皆は快諾してくれた。そして、すぐに具体的な授業づくりの検討を始めたのである。

その中で課題となったのは、歴史的事実を子どもたちに知ってもらうための資料をどうするかであった。出版された文献などからの資料はすでに手に入っていたが、なにぶんにも埋もれた親子の授業化に向けての現地調査しか行っていないため、今回の家族再編という歴史的事実を授業化するにあたっての資料も情報も不足していた。

そこで、検討会が出した一つの結論は、再度現地調査を実施するというものであった。もちろん、この現地調査には多大な体力を必要とする。正直なところ、このときの私の体調から、現地調査に二の足を踏んだ。ところが、研修部にこの年から加わった新採用３年めの堀内教諭が、「２２０年前の家族再編という歴史的事実に、その村が現在どのように対峙しているかという生の声などをぜひ聞きたいし、ビデオに収めたい」と言った。そのときの目の輝きを前にして、私は体調のことをすっかり忘れた。

平成15年8月30日（土）。再度、嬬恋村へ現地調査のために赴くことになった。ところが、検討会後、私の体調は一向に改善しなかった。というよりも、悪化の一途をたどっていった。8月下旬から毎日、発熱を見るようになり、それとともに日に日に食べられなくなっていく自分を感じていた。

現地調査実施前日の8月29日も体調が思わしくなく、1週間後の9月6日（土）に現地調査を延期することになった。それまでに体調回復が見られなければ、現地調査は断念し、研修部の教師や森田教諭にすべてを任せる決断をした。その決断は現実となり、9月6日(土)、私は自宅の寝室で現地調査に参加した教師たちの行動を脳裏に描きながら、1日を過ごすことになったのである。今でも、これほどまでにともに行きたかった現地調査があっただろうか、と残念でならない。

現地調査当日の様子は、今回の現地調査全体をコーディネートした、研修部の栗原教諭の記述で紹介してみたい。

〈栗原教諭取材レポート〉

9月6日（土）当日は、まだ暗い朝5時、浜之郷小学校に参加者が集合した。やはり肝心の学校長の姿がそこに見られないという寂しさが、朝焼けの中ひときわ強く感じられたが、それ以上に今回の授業化に向けての使命感をもったのは事実である。車2台に分乗して、一路嬬恋村へと向かった。

嬬恋村の教育委員会、郷土資料館、鎌原小学校、鎌原観音堂には、前日までに何度か連絡をとって、家族再編についての資料の問い合わせをしていた。しかし、なんといっても２２０年前の出来事なので、なかなか思うように情報は集まらなかった。

そのような状況の中でも、次のような事実をつかむことができた。①嬬恋村立小学校の校長が、当時の嬬恋村を統治していた鎌原城の城主の末裔である。②生き残った村人の末裔が誰なのかを特定することは、今となっては困難である。③今までに嬬恋村の学校で観音堂にまつわる本格的な授業化は行われていなかった。④郷土資料館の館長である松島榮治氏が、発掘や史実に関する第一人者である。

その四番めの情報を元に、直接、郷土資料館の松島館長に電話させていただいた。そのとき、調査の主旨などを話し、訪問の際にお時間をいただき、お会いすることを快諾していただいた。

一方、松島館長の要請で、それまで学校長が行った「いのちの学習」に関する資料を郷土資料館に送付し、理解を深めていただくことになった。

車は関越高速自動車道路をおり、当時の土石なだれが下った道筋をさかのぼるかたちで、観音堂へと近づいていった。その途中で、「いのちの授業」の取材にかかわるＮＨＫのスタッフとも合流し、総勢12名の現地調査団が形成された。

嬬恋村に着き、車を鎌原観音堂の前に止めると、参加者は各々の思いのある場所に散っていった。入り口の看板に書かれた発掘の説明を食い入るように見つめる教師、残った階段をのぞき込む教師、そして観音堂にある親子の写真を見ながら観音堂保存会の方々に質問をする教師など、そこには参加した教師一人ひとりに染みこんだ学校長の「いのちの授業」への思いを、自分自身で振り返る姿があった。

私はというと、残された階段の一番下にたたずみ、観音堂のほうを見上げていたのを覚えている。そこは1年前、学校長が観音堂の調査にきた際に、学校長が階段の一番上からしばらくの間じっと見つめ続けた場所であった。そのとき、学校長には何が見えたのであろうか。1年前の学校長の姿を自分の瞼にしばらく映し出しながら、「今日、来ていたら、学校長は何を話されるのだろう」と、考えていた。

観音堂近辺の調査を終え、郷土資料館の松島館長にお会いするために観音堂裏の資料館へ向かった。坂を上り資料館に着くと、息の切れる私たちを松島館長が笑顔で迎えてくれた。資料館の中には、現地の上毛新聞社の方も取材に来られており、３階での会議室における説明会は、ＮＨＫのカメラも入って記者会見のようなムードさえあった。ところで、松島館長には、当方の授業化の主旨を事前に説明させていただいていたのは前述したとおりであるが、それに応える形で、非常に丁寧な取材計画を準備し、協力者に来ていただいていたことには驚かされた。

松島館長は、前回の学校長の「いのちの授業」の題材となった生き埋めの親子の発掘に携わり、ご自身の手で発掘後の人骨の調査や後述する葬儀も執り行った。それが縁で現在、嬬恋村の郷土資料館の館長をなさっておられる。そのように、ご自分が手塩にかけて明らかにしていった歴史的事実は、今まで学校教育の中で防災教育とか、歴史の授業の一部として扱われることはあっても、今回のような「いのちにかかわる学習」として授業化されたことはなかった。館長になられる前までは、高校教師として生徒たちに「いのちの重み」について伝えることに悩んだ経験もあったようで、今回の授業化に対してひとかどならぬ感銘を受けたとおっしゃられた。そのような思いがあり、全力でいろいろな準備をしていただいたことが、用意されていた資料からもひしひしと伝わってきた。「いのちの授業」が育む人の輪が、ここでもつながったと思えた出会いであった。

松島館長のご尽力により、いくつかの貴重な新事実と対面することができた。まず、事前調査で探索をほとんど諦めていた当時の生存者のご子孫を、説明会の場にお連れくださっていたことには度肝を抜かれた。それも、もと校長先生を務められ、現在は鎌原地区の区長と村会議員を兼務されている横沢氏であった。子孫の生の声が聴けないと言われて元気を少し失っていた堀内教諭の表情が明るくなり、目に真剣さが出てきたことはいうまでもない。そのあと昼食まで、家族再編という史実を先祖にもつ現在の村民の思いを十分にうかがうことができた。

もう一つの発見は、土石なだれによって埋もれた村の上に、なぜ子孫は住まなくてはならなかったのか、という疑問の答えである。茅ヶ崎にいるときには、農民たちの土地への愛着や、埋まってしまった家族への思いなどをもって、93名の村人は家族再編までしてその地に残ったのだろうと考えていた。ところが、実際には大きく違っていたのである。

鎌原地区を南北に走る昔の集落の形態がわかる大通りに足を運び、そこで松島館長に説明をしていただき、そこで参加者一同はその答えに気づかされた。実は、鎌原地区は非常に大きな宿場、つまり江戸時代の運送業を支える重要な補給基地だったのである。中央を走る道は、今の車でも余裕をもってすれ違うことができるほどの道幅を有し、当時は道の中央には用水が走っていたという。街道に面して、人足が休む宿舎が何十軒も建ち並び、その宿舎の後ろには馬を休ませる場所や、提供する食事の材料を作る畑までが広い面積で確保されていたのである。現在でいえば、東名高速道路のサービスエリアに宿泊施設や運送会社が併設されていると考えるとわかりやすいであろう。そのような宿場であるから、土石なだれで埋もれたからといって簡単に土地を捨てるわけにはいかず、また土地の経済確保の面からも復興せざるをえなかったというのが真実である。

　そのため、付近の被害を免れた村主たちが私財をなげうって鎌原村を支援し、家族再編という荒技までつかって宿場再興を成し遂げたのである。もちろん、鎌原村を襲ったのが溶岩流ではなく、土石なだれという山の表土が流され堆積したものであり、農耕再開に適していたという事実も見過ごすことはできないだろう。

　今回の現地調査では、ご子孫に会えたり、鎌原村再興の理由がわかったりと、授業化に役立つ発見だけではなかった。最大の目標は、家族再編の証となる当時の人別帳のようなものを写真またはコピーにとることであった。その資料は、1年前に資料館を訪れた際に、私と山田教諭が見ていたものである。しかしながら、この願いは見事に粉砕されてしまう。松島館長のお話では、後世になり、家族再編の事実が美化される傾向が生まれ、おそらくこのように家族再編がなされただろうという推測で近年に書かれたものであり、歴史的資料としての価値はなく、またその信憑性も低いので、今回の授業化に関しては使っていただきたくないとのことであった。その図を使っての授業構築を考えていた私にとっては、大きなショックであった。

松島館長が自ら育てたトウモロコシとジャガイモを振る舞われながら、松島館長と横沢区長から最後に次のようなお話をうかがった。それは、階段の下の発掘で発見された親子の遺骸のその後のお話だった。

大学での調査を終え、観音堂に遺骸が戻って来たとき、村人たちが次々と観音堂に集まってお祈りをしたという。その後、自分たちで棺桶を作って中に遺骸を納棺し、皆でその棺桶を背負って、上れなかった15段の階段を上らせてあげたそうである。そして、村人総出で葬儀を執り行い、丁重に埋葬したとのことであった。

なぜ、それまでしたのか——。やはり、発掘された二人の遺骸は、誰とは特定できないにせよ、村人の誰かの先祖であることは間違いない。その自分のご先祖かもしれない親子を村をあげて弔うことは、鎌原村にあっては当然のことであると村人は考えている、と横沢氏は述べられていた。現在でも、被災に会った日の命日を取り仕切ることは、村人の当番制となっており、村全体で先祖を支えていこうとする仕組みが生きている。村全体を包む、不思議な家族感のようなものに、ある意味圧倒されながら、私たちは鎌原を後にした。

松島館長に見送られ、郷土資料館の前の坂道を下りているとき、私の携帯電話にメールが飛び込んできた。学校長からだった。

「取材はうまくいっていますか。同行しなくてよかったと思っています。寝ています。行っていたらみんなに迷惑をかけることになっていました。暑いので気をつけて下さい。収穫があることを祈っています。大瀬」

参加者全員に見てもらった。なんだか妙にうれしかったことを覚えている。帰りの車内は、収穫をどうお伝えするかの話で盛り上がった。さあ、いよいよ具体的な授業化を始めるときがきた。

栗原教諭が、取材に気合いが入っていることは文章からおわかりいただけるだろう。彼とは、私が市教育委員会の指導課長時代に運営していた授業づくりサークルの研究同人であり、社会科の授業をともに創り出すことに取り組んだ関係である。彼は、現地調査を行い、授業化に向けての資料を収集するという社会科の授業づくりの手法を好んでおり、今回の授業化もその手法に則って実施されている。

調査の前の仮説段階と調査中に出会う新事実への感動が、授業に魂を与えていくのが社会科の真骨頂であるが、その教師ののめり込んでいく様子が、これまでの記述でおわかりいただけるのではないかと思う。しかし、この授業づくりのプロセスが、「いのちの学習」の構築の道筋としてどうなのかについては、この後の授業化の段階や、森田教諭とのコラボレーション授業の段階で、改めて問われてくる。このときには、まだ気づいてはいなかった。

さて、いよいよ授業づくりの具体的な検討会をもつことになった。もちろん、私は現地には行っていないので、授業者でありながらオブザーバーになっている自分を感じつつの検討会参加となった。体調も芳しくないが、検討会をどのようにしていくかの方向性も、もう一つ自信がなかったのも事実である。やはり、いっしょに行きたかった。

検討会は現地調査実施の週明け、9月8日の月曜日に、研修部7名と教務主任、森田教諭、そして私の10名の参加者で即開催してもらった。日にちを空けてしまうと、鎌原の印象がどんどん薄くなってしまうからである。まずは、現地調査の報告が栗原教諭よりなされ、新たな事実の発見と期待した資料が使えないことなどが報告された。授業化への多くの情報が集まり、そのどれを授業で扱っていくかが検討された。

どのようにして子どもたちに家族再編という歴史的事実を伝えていくのか。また、子どもたちにどのようにして家族というものを自分の問題として考えてもらうか。そして、私と森田教諭がいかに授業をとおしてコラボレートしていけるか。それぞれについての話し合いが、外が暗くなっても続いた。

その結果、私が鎌原観音堂を襲った災害のその後、生き残った人たちがその場に住むにいたった経緯を子どもたちに説明することになった。一方、森田教諭は家族再編という事実の紹介と、それを元に家族について子どもたちに考えさせる段階を担当することに決まった。このときは、森田教諭が担任としてこの授業の核を担うことが大切と考えていたが、「いのちの授業」としては、私自身が後半を受け持つべきだったのかと、今でも私の考えはまとまっていない。

そして、具体的にどのような資料を用いて授業を行うかが話し合われた。そこでは、生存者を新たな家族に再編したことを伝える古文書を子どもにわかりやすいように書き直した資料と、再構築された鎌原村の町並みの復元図、さらに家族再編をわかりやすくするために於保養護教諭が考え出したフィルムケースを使った模型、この三つを授業中に使用していくことが決まった。

しかしながら、最後まで、参加者の中で意見が一つにまとまらなかった案件があった。それは、授業の最後に森田教諭が子どもたちに問いかける「この再編された家族たちは、本当に幸せだったのだろうか」という発問の是非についてである。

森田級の子どもたちの中にも、家族にかかわる課題を背負って学校に通う子どもたちが少なからずいることは、私も十分承知していた。その子どもたちに、自らの家族について考えさせることになるその発問が必要なのか、についての議論であった。「幸せ」という言葉を入れず、家族再編の事実を子どもたちに伝えたあと、それについてどう思うかを問うことも、確かに可能であった。しかしそれでは、子どもたちの考えが、どうしてそのような危険な場所に再び住むのかという問題に流れ、江戸時代の宿場の重要性を伝える社会科の授業になってしまうことが十分予想された。なぜそこに住んだかではなく、住み始めた生き残りの者たちが、どのように家族を考えていたか、またそれを考えることをとおして、自分の今の家族をどう考えていくべきなのかを子どもたちに問いかけるためには、どうしても「幸せ」を入れる必要があった。

結局、最後は私の判断により、森田教諭が最後の発問をすることで、検討会は幕を閉じた。以下に、検討の結果を受けて、森田教諭とともに作成した指導案と、検討会の討議を支えた黒板のメモ書きの写真を記載する。そこから、そのときの検討会の熱さを感じ取っていただければ幸いである。

第4学年「いのちの学習」指導案

指導者　大瀬　敏昭

森田　潤一

1. 実施日時　平成15年9月19日（金）2～3時間目

2. 対象　第4学年3組（男15名　女15名　計30名）

3. 単元　「いのちの学習―鎌原村の家族再編をとおして―」

4. 単元目標

鎌原観音堂に残された生存者のその後の家族再編という歴史的事実を考えることをとおして、子どもたちが家族というものを再認識し、自分の家族を見つめ直す素地を育む。

5. 単元設定の理由

授業づくりのために観音堂や資料館で調査を行ううち、新たな事実と遭遇した。それは、災害から辛くも生き残った93名のその後の生き方である。生存者の土地や親族への思いの強さ、また宿場再建という政策的要因もあったかもしれないが、生存者が新たな家族を再編したとい

前時の知識
93名生き残った事実
どんなふうにのこされた93名だったと思う
どうくらしていったと思う
家を作った
資料1
93名はどういうにわかれてくらした
資料2
あなた

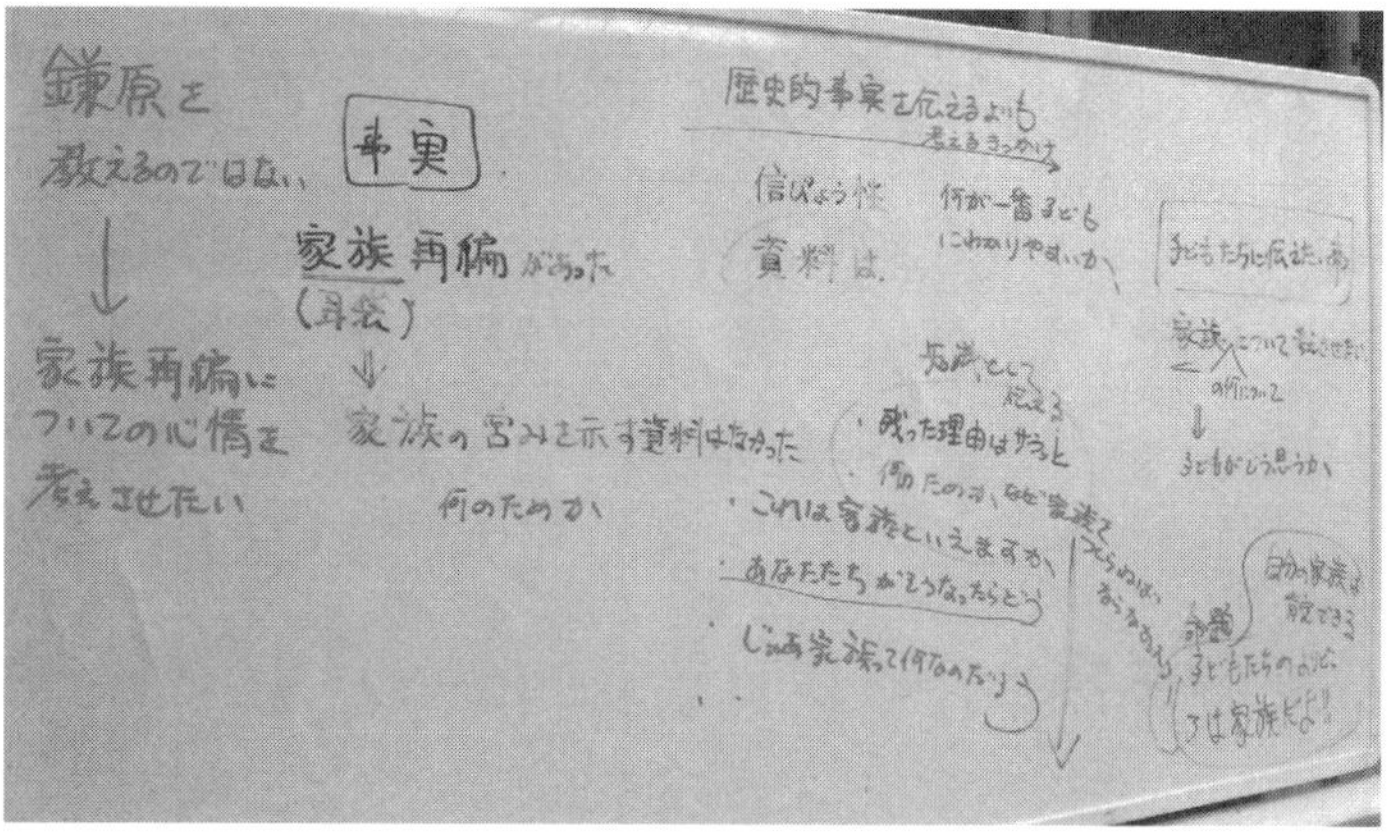

鎌原を教えるのではない。
事実
家族再編があった
家族再編についての心情を考えさせたい
家族の営みを示す資料はなかった
何のためか
歴史的事実を伝えるよりも
信ぴょう性
資料は
何が一番子どもにわかりやすいか
子どもたちに伝えたいこと
これは家族といえますか
あなたたちがそうなったらどう
じゃあ家族って何なのだろう

検討会の黒板メモ書き

授業風景

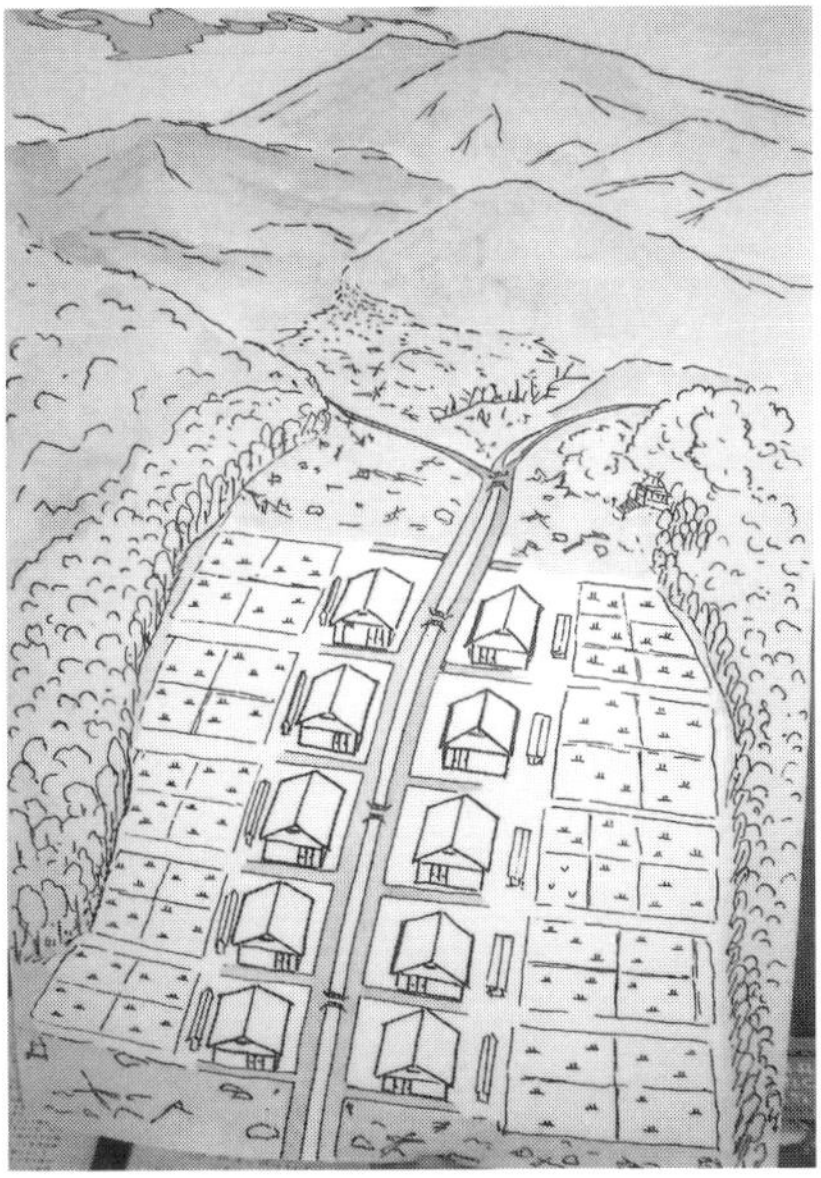

家並図

現地調査

う歴史的な事実に大きな衝撃を受けたのである。埋もれた親子の発掘を題材にした授業の追試に加え、この家族再編という事実も授業化しなければという思いが、そのときからずっとくすぶり続けていた。

被災した親子の事実をとおしての「いのちの授業」の授業化も一段落したとき、やはり家族再編という事実を「いのちの学習」として授業化したいと考え、研修部の支援を受けつつ、授業化に取り組むことにした。ただし、この授業を家族再編という歴史的事実を伝えるだけの授業にはしたくなかった。あくまでもその事実をとおして、その事実に私が出会ったときの「家族とは何なのか」という根元的問いを子どもたちといっしょに考えていく授業を構築したかったのである。つまり、鎌原を教えるのではなく、鎌原で起こった事実から家族再編についての心情を共に考えていきたいということである。

被災後の鎌原にHouseとしての建物が建築され、そこにHome（家）としての一種の擬似的家族が形成されたという事実。そのHome（家）が、その後現在に続く２２０年間に及ぶ有機的な地域社会（Community）を形成したという経過を踏まえて、Home（家）がFamily（家族）になり得たのかどうかについて子どもたちと考える中で、「家族とは何か」「自分にとって家族はどのような存在か」について考え、それはもしかして人工的な家族であったにしても、やはり子どもたち自身に自分の家族を肯定して生きてほしいという願いを込めて、本授業を構築したいと考えている。

6．授業計画　（2時間続きを1コマとして設定している）

●鎌原被災の事実の再確認と生存者のその後を想像する
●生存者が家族再編をしたことを知る
●なぜ家族再編しなくてはならなかったかを考える
●家族再編をとおして、家族とは何かを考える

7．授業展開

学習活動	教師の思い・支援
・鎌原の被災を再確認する。（前回の復習） ・93名がどのような内訳だったかを考える。	・447名もの死者・行方不明者を出す中、93名の生存者がいたこと、また、その93名の中に1つとして全員が無事な家族はいなかったことを伝える。

93名はその後、どうしてくらしていったのだろう

- 93名のくらし方を想像する。
- 12軒の家に分かれたことを知る。

- 最初、2つの小屋で集団生活をしていたことを知らせる。
- 資料①を提示し、有力者の手で12軒の家が建設されたことを知らせる。

93名はどのように家に分かれてくらしたのだろう

- 家への分かれ方を考える。

- 子どもたちに考えさせた後、資料②③を提示し、家族再編をおこなったことを知らせる。

どうして家族を作ったのだろう

- 自分だったらどう思うかを基本に、なぜ

- 資料③をもとに、子どもたちの立場で、

家族再編をしなくてはならなかったかを考える。

この家族は幸せだったのかな

・自分だったらという視点で、この状況における家族を考える。

・家族とは自分にとって何かに気づく。

家族再編の理由を考えさせる。

・生きるため、食べるため、家族の機能として温かい、休まるなどが出てくると思われる。

・土地や政策などの理由が出てきても取り上げ、意見を板書でグルーピングする。

・幸せを考えさせながら、家族とは何かについて気づかせたい。

・家族について背定的に考えていく道筋を教師側から提供していく。

生きられる

幸せ　家族ができた

さみしさがない

悲しみたい　食べられない

不幸　意思ではない　一人では生きら
　　　無理やり　　　れない

〈第二部、第四章　「つくられた新しい家族」参照〉

検討会から2週間後の9月19日（金）に授業公開は行われた。本校職員の参観に加え、神奈川新聞社の記者や文藝春秋社のライターの方、ＮＨＫの取材クルーが教室に待機し、さらには忙しいスケジュールをぬって、シンガーソングライターこんのひとみさんまでが参観に訪れてくれていた。

その日ごろとは違う雰囲気に、日ごろ研究授業には慣れているはずの森田学級の子どもたちも心なしか固くなっていたようである。実際に授業が始まり、私は鎌原の親子の授業を思い出してもらうところから話し始めた。授業の詳しい様子は、本書のためにおこした授業記録を参照していただければおわかりになるだろう。ただ、授業をしながらもずっと気になっていたのは、子どもたちが家族について目を向けてくれるだろうかという一点であった。

　授業は私から森田教諭にバトンタッチされ、家族再編の事実が、模型を使って子どもたちに伝えられていった。横に座って子どもたちの目を見ていた私には、その目の輝きから確かな手応えを感じていた。そして、いよいよ家族について考えていく段階になって、森田教諭の中に揺れが生じていることに私は気づいた。

　実は、森田教諭も「幸せ」について尋ねることに確信をもってこの授業に臨んだわけではなかったのだ。また、授業というものについても、その年に浜之郷小学校に異動してきたばかりで、まだまだどうしてよいかわからないことも多かったに違いない。その不安定さが授業の最終場面で、子どもたちに自信をもって発問ができない状況となって現れた。

　子どもたちの表情を見ながら森田教諭の目が泳いでいるのをＮＨＫのカメラは見逃さなかった。私が感じた状況を映像としてしっかり収録していることに、後日放映された「命の授業」（ＮＨＫ　ＥＴＶスペシャル）を観て驚かされた。

私は、このときのことを実はあまり明確に覚えてはいない。揺れる森田教諭の状況を感じて、そのあとどれくらいの時間がたっただろうか。おそらく森田教諭の新たな対応を待つ気持ちでいたことは間違いない。しかし、気づいたときには、子どもたちの肩に手を添えて、「家族は幸せだったのだろうか」を静かに一人ずつに問いかけている私がいたのである。

子どもたちは私に支えられるように、自らの思いを語り始めてくれた。家族とは何だろうか、そして自分は家族をどうとらえていけばよいのか。小学校4年生にとって、確かに重いテーマである。しかし、そのとき、子どもたちは私を背にしながら、小さな声ではあるが、しっかりと自分の思いを語ってくれていた。もちろん、まだまだ授業としては無駄なところも多く、整理して一般化が可能な段階まで洗練していかなければならない。粗々しい授業ではあったが、子どもたちに私の思いは確実に伝わった授業であったと感じている。

当日、迷いながらも私と授業をコラボレートしてくれた森田教諭に、その授業中に葛藤した思いを記述してもらっている。ここでそれを紹介したい。今回の授業の目的は何か、また授業をするということはどういうことなのかを、森田教諭が真剣に考え始めてくれているのが、何よりもうれしい。授業をとおして教師が、人として育っていく一瞬に立ち会えるチャンスを作ってくれたことを、今回の授業づくりに協力を惜しまなかった研修部のスタッフに感謝したい。

本当にありがとう。

〈森田教諭の手記〉

いよいよ授業が始まった。校長が黒板の前に立った瞬間、緊張感とともに頭の中が真っ白になっていくのがわかった。子どもたちの声がなんだか遠くに聞こえてくるような気がする。いつもとは違う空気がクラスを包みこんでいた。全員が集中して話を聞いている。今まで味わったことがない空間がそこには存在していた。私は校長に嫉妬しながらも、その心地よい空気を感じていたかった。

私は、ハンマーで頭を殴られたような錯覚に捕われていた。なんだか頭がボーとして体に力が入らない、立っているのが精一杯だった。手には汗をかいている。今考えると、相当に緊張していたようだ。頭がボーとして何も考えられない状態の中で、必死に自分の担当する授業のことを考えた。すると、自分の発問だけが、頭の中をぐるぐる回り始めた。「生き残った人たちはどうやってくらしたのだろう？」「生き残った人たちは幸せだったのだろうか？」と、口の中で発問を反芻する自分がいた。

いけない、とにかく、校長の話を一言一句聞き逃さないように集中しなくては――、と気を取り直した。校長が今、何を考えているのかを知りたかったのだ。そんな中で、今までの打ち合わせで出てきていなかった話が突然出てきた。子どもたちと作る状況に自らを対応させていく授業のうまさに圧倒された。そして、指導案の中だけではわからない大きな流れを感じた。

自分が指導案を作ることに悩み、非常に重きを置いていた結果、授業中の今も指導案に捕われていたことに気づかされた。授業前、栗原教諭が言っていたことを思い出した。

「指導案を悩んで悩んで悩みきって作ってから、授業が始まる寸前に指導案を全部捨てなくちゃいけないんだよね。そして、それをどこまで捨てられるかどうかなんだよ。そうでなければ、子どもと授業は創れないよ」

自分ではわかっているつもりだった。いや頭ではわかっていたはずだった。でも、実際には指導案に頼りきっている自分がそこにいたのである。

授業は私の思いとは別に、淡々と進んでいった。校長は女の人が二人重なっている遺骨の写真を黒板にはり、いすに座り子どもたちと目線を合わせた。私だけが教室に立っている状態になり、違和感を感じたので近くにあるいすを探して、あわてている自分を見せないように座った。しかし、内心はドキドキしていた。自分の予想と反した校長の行動に一喜一憂しながらついていくしかない。そう心に言い聞かせた。

次はどんな展開になるだろう。校長の発言や表情に釘づけになっている。子どもの意見を聞いているのだが、全然頭に入ってこない。とにかく話を聞こう、聞こうとしているのだが、思いとは裏腹にますます聞けなくなってきた。

そんなときだった。石山君が「夏休みに鎌原に行って来たよ」と、校長に言った。私はその発言を聞いたとき、「あっしまった」と内心思い、耳が釘づけになった。なぜなら、せっかく教材研究のために行って来たのに、知っている子がいたら授業に影響を及ぼすのではないかと危惧したからである。

しかし、校長は石山君に「すごいねー、よく行って来たね。軽井沢の近くだったでしょ」と言うではないか。その後も、その子との会話は続いていく。私ならきっと「ふーん、そうなんだー」と言って、あまりそのことには触れないようにしたに違いない。このことで、また私は授業の流れに自らを合わせることができた。石山君に感謝である。

当初、生き残った人たちがどのようにくらしていったのか、模型を使って説明するところまでは、校長が授業を行う予定になっていると私は認識していた。ところが、突然、校長から模型のところは私にやってもらおうという話が飛んできた。その瞬間、私は舞い上がってしまい、どうしていいかわからなくなった。校長の授業を壊してはいけない。校長ならどういう発問をするだろう。どのような進め方をするだろう。そればかりを考えていた。模型の説明もどうしていいか、いざとなるとわからなかった。うまくできない。不安は子どもたちに伝わっていたと思われた。そうすると、ますますどうしていいのかわからなくなっていった。そのとき、授業の流れを創る難しさを本当に実感した。

　その後、たどたどしくではあるが、一通りなんとか家族再編の説明が終わった。しかし、「生き残った人たちはどうやってくらしたのだろう?」という問いを、いつ子どもたちに問えばいいのか。また、「この家族は幸せだったのかな?」という発問を、どのように切り出せばいいのか。この時点で本当にわからなくなっていた。

　そのとき、校長の声が、私の耳に飛び込んできた。「この家族は幸せだったのかな?」「あなただったらどう?」正直なところ、私の中ではびっくりした気持ちと安心した気持ちが入り交じっていた。一方、子どもたちはその校長の問いに自分を置き換えて、真剣に答えていった。

　そんな中で、いつもは元気に発言している寄居君が全然発言しない。やはり、「この家族は幸せだったのか？」という発問は、彼にとって辛いものなのかと感じた。しかし、校長は彼の肩にそっと手を置いて聞いた。「この家族は幸せだったのかな？　あなただったらどうする？」このとき私は、寄居君は答えられないと思っていた。しかし、彼は小さな声で、今まで聞いたことのないような本当に小さな声で「僕はいやだけど、生きていくために新しい家族とくらすと思う」と言った。私は信じられなかった。これが授業なのだ。自分の中で奇跡を感じた。

その後、校長から再度バトンタッチされる機会を得た。そのとき、神田さんの顔が目に入った。神田さんは、家族が新生するということを、ご両親のいろいろな状況をとおして実際に体験している。彼女については、授業を検討する際にも何度も話題に上っていたが、その神田さんに意見を求めることに踏み切れなかった。しかし、校長の奇跡を目の当たりにした私は、勇気をだして神田さんに意見を求めた。彼女は「幸せではない。別れて寂しいと思う」と答えてくれた。おそらく、彼女の正直な気持ちだと思う。

そして、授業は終わった。

自分としては最低の授業だった。でも、それが今の自分の力だと思う。本当に自分に力がないことを実感した。穴があったら入りたかった。とても恥ずかしかった。そして一番感じたことは、私は教材研究をしているつもりでいたのだが、まったくできていなかったということだった。ただ指導案を作っていただけのような気がする。今まで授業をしていたのか？　それは本当に授業といえるのだろうか？　自分自身に問いかけてみた。

根本的に欠けているものがあった。それは、何を伝えればよいのかをはっきりさせていないということだ。思いをしっかりもつということ。そこがぶれると授業は崩れていく。

授業が終わって思ったことは、朝早くから鎌原にいっしょに行ってくれた研修部の皆さんや、「家族は幸せでしょうか？」と発問することが本当にいいのかどうかをいっしょに考えてくれた堀内教諭、4年2組の子どもたちと保護者の皆さん、そして何よりもこんな自分と授業を共に創ろうとしていただいた校長に本当に申し訳ないということだった。

校長先生をはじめ、浜之郷小学校の先生方が授業に対してこんなに真剣に取り組んでいることにふれ、授業というものの大切さをはじめて知り、感じたというのが本心である。学校長と授業ができたことを一生の宝物として大切にしていきたい。そして授業が自分で創れる教師になりたい。そんな自分を今感じている。

第九章「いのちの授業」について、教師たちとの検討会

――最後の授業検討会――

大瀬学校長が亡くなる2週間前の平成15年12月22日（月）、「いのちの授業づくり」にかかわった職員を集めての授業検討会を、学校長自らが計画された。検討会は、3時間にも及んだ。その検討会の様子を本書の中にご自身で記述するご計画であったが、望みは体調の悪化により果たされなかった。亡くなる5日前の12月29日、検討会の様子をまとめることを浜之郷小学校の小野教諭に託された。これが、学校長としての最後のご指示となったのである。託された小野教諭の思いも、学校長のご逝去という事実の前に複雑だったに違いない。しかし、あえてそのときの学校長の思い・お考えを残す意義を考え、ご家族の同意のもと、ここに小野教諭がそのときの様子を書き記すことをお許しねがえればと思う。

〈最後の「いのちの授業」検討会　小野　公敬〉

2学期の終盤になり、突然、校長の「いのちの授業づくり」にかかわった職員が集められた。大瀬校長ご自身から、今後の「いのちの授業」について意見が聞きたいとのことだった。「いのちの授業」の担当として携わっていた者としても、はじめてのことだった。

しかし、これが大瀬校長との最後の授業検討会となったのである。

話し合いは、まず過去の大瀬校長の「いのちの授業」を振り返ることから始まった。校長ご自身のことを語られる授業と、社会科的な出来事から命について考える授業の二つの流れがあるのではないかという意見がでた。どちらも生き方について子どもたちに考えさせるものであるが、「いのちの授業」がもつ「生きること」「死ぬこと」のテーマの重さを子どもがどこまで受け止められるかということから、どちらの流れが今後の授業づくりの方向性としてよいのかが話題の中心となった。

その話し合いの中で大瀬校長は、次のように切り出された。

授業のときに子どもたちが、自分の問題としてなかなか置き換えることができなかった授業がありました。そういうことを考えると、やはり私自身を語ることがいいのかどうか迷いがあります。それに、ほかの「いのちの授業」をしている人が、「いのちの授業」にはいろいろなス

テップがあると言うけれども、私はもうある程度時間が限られています。そんな悠長なことを言ってはいられない。

その場にいる全員が、その話をうかがいながら、校長が伝えたいことを授業にされるのが一番だと思っていた。授業をとおして必ず、時間をかけて子ども一人ひとりの中に残っていくものがきっとある。それこそが校長の「いのちの授業」であると。

もし自分自身のことを話す方向で授業づくりを進めるのであれば、最初はやはり自分のがん告知を受けたときの話をしたい。「１００万回生きたネコ」、宣告を受けて、余命の告知を受けて、この本で非常に救われました。

そして、点滴の話をしながら、もう食べられなくなってきたときのことを話したい。そこで、「ポケットの中のプレゼント」の話をする。

今、考えているのが、ホスピスの話をすることです。「現代の医療ではもう治らないと宣告されたときに、あなたはどうしますか？」お医者さんに治してもらうように頼むか、ターミナルケアを選択するか、聞きたい。

それと「わすれられないおくりもの」っていうのは、「永遠の命」を伝えるのにすごくいい題

材です。

ご自身の過去の授業を振り返り、授業がまさに自分の身体との、言い換えれば「いのちとの対話の軌跡」だったのだということを私たちは知った。そして、残された人生をどう生きるかについて、次のように続けて語られた。

ただ、ただ命にしがみついて苦しむというのも一つの生きることだけれども、残された時間をどう生きるかということを真剣に考えて、痛みを取ったり、残された時間を充実させることのほうが大事ではないか。

こうした言葉に続けて、静かにご自身の話をされた。

最終的には、その授業をやった後に、もしも私がもうだめだと言ったとき、そのあたりからなんらかの形で記録を残してもらいたいわけです。死んでいく様子を…。で、それを見せたい……。私が授業をやるわけではないけれど、誰かがね。それを見せて誰かに授業をやってもらいたい。死ぬっていうことは、そういうことなんだっていうことを最後に伝えていきたい。そ

うしないと、何かを残せないような気がしています。

この言葉に校長が闘ってこられた道のりの険しさ、決意の強さを目の当たりにした思いだった。生きることのすべてを子どもたちに、そして最後の瞬間まで「教師として生ききること」への命の煌きがそこにあった。

しかし、大瀬校長は、しばらく考えられたあとで、

でも、ある程度一般化できなければいけないですよ。誰でも「いのちの授業」はできるよ、ということにしたいです。

そして、校長が考えられている、生きることの大きなテーマをまとめて話された。

「自分の命を絶たない」「命には限りがある」「信じるものをもちなさい」

人は等しく命に限りがあるということ。だから自分を大事にしなければいけない。その裏づけとなるものとして、信じるものをもつということ。これらをなんとかして伝えたい。

しかし、そこで直面するのが、三つの恐怖です。経験したことのないことに対する恐怖。これはクリアできると思う。死ぬまでの痛み、苦しみに対する恐怖。愛する人と別れなければいけないことに対する恐怖。これが一番つらい。

私たちが聞いたこの言葉は、一般的にはよく耳にするものかもしれない。しかし、どれだけの人間がその言葉のイメージを具体的にもっているだろうか。校長の抱えているものの大きさも、どれだけ実感できているだろうか。

大瀬校長の深い苦しみをよそに、「絶対に大切にしなければいけないものがあって、それを簡単に粗末にしてしまうのはいけないことだと、私たちは子どもたちに伝えなくてはいけない」という意見が、参加者から次々に語られた。その場の全員が教師として考え、意見は子どもたちをどうするかに向いていた。いや、向かずにはいられなかったのである。それだけ、校長から出されたテーマは重かった。

さらに、大瀬校長は、恐怖についてより具体的に語られた。

私、心のどこかで、やはり自殺したいと思っています。どんなに楽だろうなと…。でも、や

はりそれは許されない。だから一番の願いは、夜寝て朝起きられなければ、どんなに幸せだろうと、毎晩思っています。だから自分の寝室に行くときは、「もう明日、起こさないでくれね」と、いつも冗談で言う。それはやっぱり怖いから。すごく怖いんだよね。

このとき、私たちは、校長との別れをまだ遠くにも感じていなかった。本当は、感じないようにしていたのかもしれない。浜之郷小学校開校以来ずっと、積み重ねてきた大瀬学校長との日々が、これからも続くような気がしていた。

しかし、改めて振り返ると、そのときの学校長の苦しみや葛藤が波のように私の心を襲ってくる。どれだけの決意で話されていたのか。どれだけ死と向かい合って、闘い、自らの運命を受け入れようとしていたのか。

話し合いの最後に、校長はこうした言葉で次への意欲を語られた。

やはり、ストレートに、命っていうとらえ方は三つあるんですよね。個体としての命、種としての命、永遠の命という。蘇りはないということ、それから死というのは、生きることだという、そこから考えるべきだということ。

それから、死の恐怖は三つあることを伝える。死というのは成熟するためのチャンスだということ。なにか、自分の生き方を個性化できるというのかな、そういう意味で最後のチャンスだということです。そんな難しいことを言ってもわからないから、なにかそんなことをしゃべってみたいな。

この授業を行うことなく、1月3日に大瀬校長は逝去された。自分の死の恐怖と葛藤しながら語ることの勇気、意思の強さ、言い換えれば命の強さということにもなるだろう。生前おっしゃられていた「死を見つめたうえで『どう生きるか』、それが『いのちの授業』だろう」、その言葉が今、このときの検討会の校長の一言一言と重なってくる。

死の恐怖に直面してもなお、授業の一般化、つまり「誰にでもできる、いのちの授業」づくりに心をくだかれ、ご自身の最後の場面ですら、子どもたちに誰かの手をとおして授業にしてほしいと願っておられた。まさに壮絶であった。

ご自身の死と真正面から誠実に向き合ってこられたその姿勢が、「わすれられないおくりもの」として、私たちの心に刻まれている。

私は今、大瀬校長の死を経験し、あらためて振り返る。この授業検討会は、検討会という名の、大瀬校長が最後に開いた私への「いのちの授業」そのものだったのかもしれない。

第十章　こんのひとみさんと「いのちの授業」

〈君の笑顔が見たいから〉

シンガーソングライター、こんのひとみさんとの最初の出会いは平成14年4月25日。浜之郷小学校にふれあいコンサートで来ていただいたときである。その出会いが実現したのは、本校の於保養護教諭から、こんのひとみさんの出前ライブを開きたいという提案があったからである。その提案の内容は次のようなものだった。

〈於保教諭の提案〉

開校以来、教職員は皆、学校の中に子どもたちが安心できる居心地のよい空間、子どもにとっての居場所を常に考えてきました。そして教師は、子どもたち一人ひとりの声やつぶやきを大切にし、それを引き出して繋いでいく授業を心がけています。そこに生まれる空気は文章や話ではなかなか伝わらないもので、その場にいてこそ伝わってくる空気や気配だと私は思います。このような取り組みの中で、私は、保健室が子どもたちだけのものではないことを強く実感するようになってきました。何人もの母親の話を聴き、それぞれの悩みや不安に母親自身が押しつぶされそうになっていることを肌で感じています。

　保健室と教室で感じるようになったこのことは、こんのひとみさんの「大きな声にかき消されてしまいそうな、一人ひとりの小さな声に耳を傾けたい…」というメッセージと同じなのではないかということです。母親の気持ちに寄り添い、元気をもらえるような歌と出会う場をぜひ設けたいと思います。

　こんのひとみさんに快く承諾していただき、平成14年4月、平成15年4月と連続して、浜之郷小学校におけるこんのひとみさんのコンサートが実現したのである。こんのさんのコンサートをとおして、また、こんのさん自身からの励ましは、私を心から勇気づけてくれ、「いのちの授業」への新たな取り組みを進める原動力にもなってくれた。

　包み込むような澄んだ声と、こんのさんが紡ぎ出すシンプルなメロディには、社会的にちょっとつらい立場の人の物語が多い。コンサートで歌うのはご自分の曲だけではない。会場の母親や子ども、教師に書いてもらった詩や言葉に即興で曲をつけ、新しい歌が生まれる。また、曲にはならない言葉を、こんのさんは素敵なピアノをバックに、「ポエトリーリーディング」として語ってくれる。言葉だけだと硬いものが、曲をつけたり、ピアノのバックがあると途端に「ホワッ」としてくる。その言葉には、面と向かっては言えない家族への思いがたくさんつづられている。

　彼女の生み出す世界に魅せられた私は、平成15年のコンサートで、このポエトリーリーディングのために一つの詩を用意した。

げた箱のうた

〜ああ、遅刻！　遅刻！〜

今日　朝起きたら　少しおなかがいたかったんだ
何となく　学校にも行きたくなかったんだ
でもお母さんが　「行きなさい！」って言うから
ちょっといやだったけど　学校に行くことにしたんだ
もうだれも通学路を歩いていないなあ
大人の人にじろじろ見られているみたい
ああ　いやだなあ
げた箱のところにも　だれもいなくて　暗いなあ
もう　みんな勉強しているのかなあ
どうやって　教室に入っていこうかなあ
ああ　いやだなあ
みんな　なんて言うだろう
やっぱり　お休みすればよかった
ああ　いやだなあ

「おはよう」「おはよう」
みんな気にしていないみたい?!
先生も　うなずきながら　「おはよう」
ああ　よかった!
やっぱり学校に来てよかった!

～遅れてきた　君へ～

今日は　ちょっと遅れてきたけれど　どうしたの
かな?

おなかがいたかったの?
途中からでも　よく来てくれたね
学校に来る途中　つらかったでしょう?
げた箱のところでの気持ち　よくわかるよ
みんなも　先生も　待っていたよ!
さあ　はいって!
今日も　みんなとお勉強しようね!

この内容について、私はよく職員に話すことがある。「皆さんにも、こういう経験があるでしょう。ぜひ、ふだんから、このようなときの子どもの気持ちが理解できる教師になってください」と。遅刻して子どもが教室に入るときの気持ちをわかる教師になってもらいたいし、それとともに、そういう場面で、さりげないやさしさが発揮できる子どもたちを育ててもらいたいのである。すべての子どもたちが安心して学べる教室、そして学校をつくっていきたいと願っている。

ところで、平成15年7月25日に吉祥寺のライブハウスでこんのひとみファンの集い《言葉の花束》が催された。出演の依頼を受けた於保養護教諭は、そのプログラムの中で『校長先生からのお手紙』と題し、「げた箱のうた」を朗読した。そしてファンの集い終了後、於保養護教諭は「大瀬校長の想いを子どもたちがいつでも口ずさめるように…」と、この詩を歌にしてほしいとこんのさんにお願いをしてくれたのである。

詩の朗読は事前に知らされていたが、その詩を歌にしてほしいとお願いするとは思いもよらないことだった。そのとき、こんのさんから返ってきたのは「曲はもうできているのよ」という言葉であり、でき上がっている新曲の楽譜だったという。こんのさんは、はじめて「げた箱のうた」を目にされたときから、於保養護教諭と同じ想いでおられたのだ。私は、こんのさんとの出会いに心から感謝している。

そして平成15年8月2日、『セミナー　ｉｎ　浜之郷』が全国から１００名の参加者を集めて浜之郷小学校で開かれた。この日、私の体調をずっと心配してくださっていたこんのさんが、忙しいスケジュールの合間をぬって来校された。実は、「げた箱のうた」の詩を『君の笑顔が見たいから』という曲にして収録した私製のＣＤを一日も早く私に手渡したいということで来校されたのである。そのうえ、私の無理なお願いを聞いてくださり『君の笑顔が見たいから』を新曲として急遽披露してくださった。

ここに紹介させていただく。

君の笑顔が見たいから

作詞　大瀬　敏昭
　　　こんのひとみ
作曲　こんのひとみ

君の笑顔が見たいから
僕はここへやってきたよ
失敗ばかりの僕だけど
いつも君のそばにいるよ

遅刻していく
通学路みたいに
ひとりぼっちで
どきどきするときがある

くじけそうになって
背中を向けて
引き返そうと
するときもあるけど

勇気を出して
ドアをあけると
君を待ってる
友達の笑顔

君の笑顔が見たいから
僕はここへやってきたよ
勇気をなくしそうになったときは
僕のこときっと思い出して

やり残しちゃった
宿題のことで
心が重くて
くよくよするときがある

何もかもが
いやになって
逃げ出したくなる
そんなときもあるけど

勇気を出して
大きな声で
ごめんなさいって
言えばそれでいいから

君の笑顔が見たいから
僕はここへやってきたよ
勇気をなくしそうになったときは
僕のこときっと思い出して

君の笑顔が見たいから
いつも君のそばにいるよ

※この詩は原文であり、
子どもたちが歌う歌詞は
若干の修正が加えられている。

私たちの「人生最高の6年間」を過ごさせてあげたいという願いを、作品にしていただいたと思う。こんなにうれしいことはなく、こんのさんになんとお礼を言っていいかわからない。

こんのさん、ほんとうにありがとうございます。

この歌が、テレビやラジオから流れる日もそう遠くないと思っている。そしてこの歌を聴いた日本の子どもたちに、命の大事さがわかり、真の笑顔が戻ることを願っている。

〈絵本「いのちの授業」〉

こんのさんは前述のセミナーの当日、『君の笑顔が見たいから』を収録した私製ＣＤといっしょに、もう一つ私に封筒を渡された。それは、私をモデルにした創作絵本の原稿だった。絵本の原作に目をとおした私は驚いて「どうして私の毎日がわかるんだろう」と、思わず呟いた。こんのさんには学校づくりのことや、当然、私の病気についても話したが、このときにはまだ「いのちの授業」を見ていただいていなかった。しかし、その絵本の原作には、まだ数回しか会ったことのないこんのさんが学校での自分の姿をすぐ傍で見ていてくれているような、浜之郷小学校での自分の姿そのものがお話の中に描かれていたのである。ここにその絵本の原作の書き出しを紹介する。

それは、森の動物村の学校でのお話である。

くまの校長先生は明るくて優しいみんなの人気者です。くまの校長先生は、みんなを元気にする魔法をもっているみたいです。

でも羊君だけは、どうしても手をあげられませんでした。それに大きな声でお話することもできませんでした。

校長先生は、羊君にいいました。「勇気をだしてごらん。いつか大きな声をだせるようになるよ」「大好きな校長先生に喜んでもらうために、明日からは大きな声で『はい！　はい！　はい！』って手をあげられるようにしよう」羊君は決心しました。

羊君は森のはずれのやまびこ丘に登って「はい！　はい！　はい！」と言う練習をしました。

でもやっぱり大きな声は出ませんでした。

翌日羊君が学校に行くと、校長先生が病気で入院されたことを知りました。「僕が元気よく『はい！　はい！　はい！』って言えなかったから、校長先生はがっかりして病気になっちゃったのかなぁ」そんなふうに思ったら、涙がぽとぽと落ちてきました。

校長先生は入院して、大きな声でお話をすることができなくなりました。ごはんも食べられなくなりました。でも、病院のお医者さんや看護婦さんは「大きな声を出してください」とは言わず、元気が出るまでじっと待っていろいろ手伝ってくれました。

病院には子どもたちからたくさんのお見舞いのお手紙が届きました。お手紙を見て、校長先生は「私の顔を見ると元気が出るという子どもがいるのです。私は自分が病気になってはじめて気がついたことを子どもたちに話してあげたいのです。だから学校に行かせてください」とお医者さんにお願いしました。

学校に出てきた校長先生は、やせて少し小さく見えましたが、笑顔で授業を始めました。「校長先生は重い病気にかかってしまいました。だから先生は、生きるってどういうことかいろいろ考えました。校長先生はもう体の栄養のために食べたり飲んだりすることができなくなりました。そのかわり、栄養のお薬をもらっています。でも校長先生は、お薬をもらって寝ているときより、みんなとお話しているときの方が元気が出ます。それは、みんなからもらった心の栄養のおかげだと思います。それに病気をしてもう一つわかったことがあります。それは、私たちはいつも元気でいられるわけではないんですね。元気がない日には大きな声を出そうとしてもできないんです。羊君、無理して大きな声を出さなくていいんだよ。がんばってって言って悪かったね」。そう言って校長先生は授業を終えました。

次の日も校長先生は病院から学校に来ました。そして授業が始まりました。「今日はいのちのお話をしましょう。いのちってなんだと思いますか？」

〈以下省略〉

こんのひとみさんはこの絵本の中で、浜之郷小学校で行われているケアリングの教育や「いのちの授業」を見事に再現されている。この絵本はある出版社で企画がねられている。小さな子どもから大人まで、この絵本を手にとってもらい、いのちの意味、そしていかに生きるべきかについて考えていただければ望外の喜びである。

※こんのひとみさんのホームページはhttp://www.konnohitomi.com/です。ここで出前ライブなど、いろいろな情報が得られます。

第二部　授業実践記録

（何？）
ひとり（いっぴき）のいのち（かぎりがあるいのち）
リレーされているいのち（つながっているいのち）
こころ としてのいのち（えいえんのいのち）

第一章「絵本」の読み聞かせ　6年

大瀬　先生のお話を1時間聞いてもらうという、時間をいただきたくてお願いしています。

　命の学習をやっていますが、この言葉から何か連想しますか。つながりで考えられることは？

貴史　生き物。

大瀬　生き物。そうですね。

亨　植物。

大瀬　生き物にはすべて命がある。

浩太　虫。

大瀬　虫にも命があるということです。植物はどうですか。

晃　ある。

大瀬　同じに考えていいと思いますね。ほかに…？

圭一　人間の命。

大瀬　言いかえると生命のことだよね。生命って、どういう字を書く？　生きるという字と、命。「いのち」と読んでもいいですよ。

　ほかに連想することは？

尚子　人間。

大瀬　そう。今日は人のお話をしたいと思います。

　同じような字なのですけれども、これだけ読むとどういうこと？

智絵　生。

大瀬　生きるということですね。

　もう一つ、そちらに、ある言葉を書きたいのです。ちょうどこの「命」というのが真ん中にあって、じゃあ、生きるというのをこっちに書いたとして…。それって、なんて読む？

千春　死ぬ。

大瀬　生きるということと対になっている言葉というと、やっぱり死ぬということになる。

　どうも生まれてからずっと生きていって、死ぬところがある。これがなんか命というふうに言っているような気がしますよね。

　自分の家族や、知り合いとか、親戚の方で、ごく最近お亡くなりになった人はいますか？

　去年ぐらいでも、ここ2、3年でもいいですよ。

雅史　親戚の人。

大瀬　親戚の方で、何でお亡くなりになった？お幾つぐらいですか。

雅史　40。

大瀬　若いね。

卓己　僕の小さいころお世話になった人が…。

大瀬　何で亡くなった？

卓己　病気らしい。

大瀬　どういう病気かわからない？

卓己　一人暮らしだったから…。

大瀬　そう、わからないかもしれないね。

紀子　おばあちゃんが心臓発作で…。

大瀬　心臓の病気だね。

珠希　5年生のときにおじいちゃんが。

大瀬　最近だね。何で？

珠希　おなかが何かで…。

雄一　5年生の終わりごろ、ひいおばあちゃんが。

大瀬　この間だね。何で亡くなったの？

雄一　病気だと思う。

優　3年生ぐらいのときにひいおばあちゃんが、転んだときに頭を打っちゃって…。

大瀬　そう。

幸　3年生のとき、おじいちゃんが、なんかおじいちゃんのお誕生日の準備をしている間に…。

大瀬　病気の名前はわからない？

一朗　おれの弟が、5年の5月9日に。身体障害者で、何の病気かわからないけど、亡くなった。

大瀬　ついこの間だね。

雅一　3、4年のとき、ひいおばあちゃんが、多分、寿命か。

茉莉　僕が2年生ぐらいのとき、おじいちゃんが。

大瀬　病気は何?

茉莉　病気はわからない。

大瀬　今いろんな病気、亡くなった原因を聞きましたけど、今日本で、世界でもいいんですけれども、日本で、何が原因で一番多く亡くなると思う?

一也　病気?

大瀬　病気の中で。

純一　がん。

洋次　心臓病。

健　脳梗塞。

大瀬　脳の病気ね。

陽子　脳の出血とか。

大瀬　そう。脳の中の血管が切れるのね。

陽子　私も部活で試合をしていたときに、監督が、倒れて、それでそのまま亡くなっちゃった。

大瀬　あるよね、そういうの。

はい、答えは、がんです。

どれくらい日本で人が死んでいるかというと、だいたい1年間に１００万人亡くなっています。それは交通事故なども含んでいます。ほとんど病気です。交通事故が1万人ぐらいかな。年間に1万人。多いか、少ないかは後で考える。

がんで死ぬ人、どれぐらいだと思う?

雅一　50万人。

大瀬　半分ぐらい。

卓己　60万。

雄一　66万人。

大瀬　66万人って3分の2ぐらいだ。結構多いね、君の考えは。

答えをお教えしよう。3分の1、約30万人。3分の1までいかないけれども、だいたい3分の1ががんで死んでいる。１００万人死んでいるうちのだいたい3分の1ががんで死んでいる。多いですよね。

心臓病は、ちなみにどれぐらいか。15万人。がんの半分です。でも、心臓で死ぬ人も結構、多い。

それに比べて、交通事故1万人、どうですか?

一朗　少ない。

大瀬　どちらかというと少ない感じがするでしょう。それに比べると、がんで死ぬ人は非常に多い。30万人。たいへん多いですね。

もしかすると、みなさんの関係する人の中にがんで亡くなった人がいたのかもしれないと思って聞いたのですが、いなかったですね。

なぜがんの話をしたかというと、非常にがんで死ぬ人が多いし、みなさんが私の年ぐらいになったときには、がんになる人はもっと増えていると思う。医学がどんどん進歩しているから、がんで死ぬ人は減ってくると思うけれど、がんになる人はけっして減らない。

医学が進歩するということは、がんが見つかるのですよ。そうでしょう。お医者さんが増えます。たくさん見てくれます。検査をいっぱい受けられます。がんが見つかることが多くなってきます。だから、みんな大きくなって、60歳、70歳になったとき、みんなのうちの半分はがんにかかると思う。ただ、それで死ぬということはないよ。もっと医学は進歩しますからね。怖がることはない。もう医学が進歩しているから、そのころは治る病気になっているかもしれない。それはわかりません。それぐらい、いろんな原因があるそうですが、よくわかりません。おそらく食べ物とか、空気が悪くなってきたとかということも、一つにはあるかもしれません。増えることはあっても減ることはない。

でも、くり返しますが、それで死ぬことは確実に減ってくる。いい薬ができて、ぱっと治るようになってくる。だから、いいと思うのです。

自分のことをちょっと話させてもらいます。校長先生は、ちょうど今から2年半ぐらい前の１９９９年9月9日、よく覚えていますけれど…。病院に行って、検査をしたら、あなたはがんです、と言われたのです。びっくりして、信じられなかったけれどね。すぐ手術をします、手術をすれば助かるかもしれない、と。

がんは、どこにできたかによって、名前が全部つけられています。私は胃にがんができたから、胃がん。胃を全部とっちゃったんです。人間って不思議でね、胃をとっても生きていられるんだよ。

映子　おじいちゃんも。

大瀬　けっこう多いんだよね。生きていられるんだ。ただし、たくさん食べられない。みんなが食べている給食、それを全部食べると、ちょっと変な話だけど、一気にもどしてしまう。ばーっと上がる。胃がないから…。だから、今テレビで一番観たくない番組は、大食い選手権。（笑。緊張がほぐれる）あれやったら、気持ち悪くてしようがない。

ところが、校長先生の場合には、進んでいた。がんになってすぐであれば、とってしまうと、がんは治るのです。それがある程度進んでしまうと、がんは厄介でね。人には絶対にうつらないのに、自分の体の中で移ってしまうんです。

幸　転移。

大瀬　そう、転移と言うんだよね。私の場合には、見つけるのが遅かったので、ちょっと、ほかに移ってしまった。自分の細胞がどんどんほかのところに移って、がん細胞がどんどん増えていってしまう。胃を全部とったけれども、だめだった。転移してしまった。今どこにあるかというと、大腸にある。

大腸というのはわかるかな。食べたものを吸収するところ。ここに長い管がある。ここだけではないのだけれども、ほかのとこでもできる。

　腎臓ってわかりますか？

亨　二つあるやつ。

大瀬　二つあるんだよね。そのうちの一方はもう校長先生のは、死んでしまいました。だめになってしまった。これがだめになったら、もう絶対だめ。だからもう一方で、今生きているんですけれども…。

　あなた、がんですよって言われたとき、よくテレビの番組で「あなたはがんですよ」って言われるシーンがあるじゃない。自分もなにかテレビを観ているような感じ。ああ、私も死ぬのかな。信じられない。でも、まあ、しようがないかなというのもありましたけども、落ち込んでね。

　胃をとって、半月ぐらいしたら、そろそろ退院ですよって言われた。そんなに早いんだよ、今。でも退院をしても、治って退院するわけではないから、家に帰っても、すごく落ち込んでいたんですよ。自分は間もなく死ぬんだなというのが、だいたいわかったから。でもそんな簡単には死ねないぞっていう気持ちもありました。

　そのときに——みんなは卒業式のときのお話、聞いているよね。去年の卒業生に「ポケットの中のプレゼント」って、このお話をしたでしょう。そのあと、だれか読んだ人、いますか？あまり明るい本じゃないけれど…。

　これも絵本で、実はこの柳沢恵美さんもがんで亡くなったんです。自分もがんだとわかって、まだ小さいお子さんが二人いる。自分は、間もなく死ぬとわかったときに、自分の子どもに何か残さなければいけないと思ったのね。子どもは、みなさんみたいにどんどん大きくなっていくでしょう。

　お母さんは一つ一つ、何歳になったら、こういうことを教えたい、こういうこともやらせてあげたいと思っていたのです。それができなくなった。そのときに、あなたはあと3か月です、と言われたのです。お医者さんが、あなたの命はあと何か月ですよと。そのときに柳沢さんは、どうしたら自分の気持ちを自分の子どもに伝えられるかと考えたのね。一番いい方法は、絵本にあらわそう、絵本に書こうというので、この絵本ができた。でき上がってから、すぐ柳沢さんは亡くなったのですが、そうやってできたのです。

　卒業式の日にお話したように、ウサギの国の話です。その国では、子どもが生まれるとジャケットを作る。そして、1歳の誕生日、2歳の誕生日、それごとにジャケットにポケットを作って、そのポケットにいろんなものを入れていく。

　1歳のとき、はじめての誕生日のときには小さい歯ブラシを入れた。ちゃんと歯を磨きなさいよ。2歳の誕生日には、真っ白なタオルをプレゼント。ちゃんと顔を洗ったら、ふくんだよ。3歳になったら、外で遊ぶのが好きだから、ハンカチとちり紙を入れた。それから、4歳になったときには、砂遊びが大好きになったので小さいスコップを入れた。で、18歳のときに、卒業式のときにお話ししたように、七つの岩山に登るという話。

　18歳になると、この村では、子どもたちは一人で七つの岩山に登るという習わしがあって、そのお母さんは虹色の鉢巻きを入れてあげる。その虹色の鉢巻きをしめて、さあ七つの岩山に登ってきなさい。その七つの岩山というのは、1番めが勇気の岩山。失敗をしてもやり直す力があるかどうかを試す。2番めが楽しみの岩山。やりたいことや大好きなことがあるかな？　3つめが、忍耐の岩山。つらいことを我慢できるかな？　七つの岩山を登ってきなさいと言って、18歳の誕生日には虹色の鉢巻きをポケットに入れた。

　19歳になったときには、もうプレゼントするものがない。大きなリュックサックをあげる。

リュックサックを背負って、友だちと冒険の旅に出なさい。もう、私があなたにあげるものはありませんと言って、そういう素敵なプレゼントを19歳になるまでするというお話です。なかなかよくてね。

　実は、これは柳沢さんが自分の子どもたちにやってもらいたかったことを書いた、絵本なのですね。

　私は、自分が病気で、退院してから、すごくいやになって、もうどうしようかなと思っていたときに、今でも覚えていますけれども、本屋さんに行って絵本を買ったんです。この本、読んだことがあるでしょう。あるよね。これが一番感動しました。

　きょうはこれをちょっと読んでみたい。

　ちょうど2年半ぐらい前に出会った本です。『わすれられないおくりもの』、スーザン・バレイ。

　この絵はコマーシャルに出てくるんだね、夕方に。あの絵です。

「アナグマは賢くて、いつもみんなに頼りにされています。困っている友達はだれでもきっと助けてあげるのです。それに大変年をとっていて、知らないことはないというぐらい物知りでした。アナグマは自分の年だと死ぬのがそう遠くはないことも知っていました。

　アナグマは死ぬことを恐れてはいません。死んで体がなくなっても心は残ることを知っていたからです。だから前のように、（中略）

　ある日のこと、アナグマは、モグラとカエルの駆けっこを見に丘に登りました。その日は特に年をとったような気がしました。あと一度だけでもみんなと一緒に走れたらと思いましたが、アナグマの足ではもう無理なことです。それでも友達の楽しそうな様子を眺めているうちに、自分も幸せな気持ちになりました。

　夜になって、アナグマは家に帰ってきました。夕御飯を終えて、机に向かい手紙を書きました。

揺りいすを暖炉のそばに引き寄せて、静かに揺らしているうちに、アナグマはぐっすり寝入ってしまいました。そして不思議な、でもすばらしい夢を見たのです。

（中略）

次の日の朝、アナグマの友達はみんな心配して集まりました。アナグマがいつものように「おはよう」を言いに来てくれないからです。キツネが悲しい知らせを伝えました。アナグマが死んでしまったのです。そしてアナグマの手紙をみんなに読んでくれました。「長いトンネルの向こうに行くよ。さようなら。アナグマより。」森のみんなはアナグマをとても愛していましたから、悲しまない者はいませんでした。

　アナグマはいつでもそばにいてくれたのに、みんなは今どうしていいか途方に暮れていたのです。アナグマは悲しまないようにと言っていましたが、それはとても難しいことでした。

（中略）

　みんな、だれにも何かしらアナグマの思い出がありました。アナグマは一人一人に、別れた後でも宝物となるような知恵や工夫を残してくれたのです。みんなは、それで互いに助け合うこともできました。

（中略）

　ある暖かい春の日にモグラは、いつかカエルと駆けっこをした丘に登りました。モグラはアナグマが残してくれたおくりもののお礼が言いたくなりました。「ありがとう、アナグマさーん」、モグラは何だかそばでアナグマが聞いてくれてるような気がしました。

　そうですね。きっとアナグマに聞こえたに違いありませんよね。」

　終わり。

　さっき植物の話もしたのですが、アナグマもそうですけれど、いろんな思い出を残してあげますね。これを読んだときに、じゃあ自分は、例えば浜之郷小学校のみなさんに何か残してあげられたかなと思ったのです。ひょっとしたら、何も残してあげられなかったかもしれないな。それじゃいけないなという思いがしました。だから、退院をして、くよくよしていてもしようがないという思いになったんですね。何か残してあげる。思い出をやっぱり何か残さなければいけないかな。でも、どうすればいいのか、まだわかりませんが…。

　次に、『１００万回生きたねこ』も、もちろんよかったです。これは星野道夫さんの本で、『クマよ』という写真集です。これもすごく感動しました。

　これは写真だけ。文もあるのですが、何が感動したかって、こういうヒグマがいっぱい出てくる。星野さんは動物の写真家で、アラスカに行って、結局、熊に襲われて亡くなったのです。今から5、6年前です。これは星野さんが撮っていた写真を集めた本です。小さく見える。熊の親子で、この写真は小熊。

　一番感動したのが、春から夏になって、秋になって、冬になっていくのですけれど、この写真、これは秋のアラスカです。すごく感動したの、これ。このくらいなら見えるでしょう。

　熊が死んじゃった。ものすごく大きい大自然の中で、なんかちっぽけだなという感じ。熊が自然に返っていくのだなという感じをこの写真からすごく受けたのね。

　オーロラが出る日の夜に、一人でテントを張って、星野さんは写真を撮っているわけ。どんなことを考えたかな。結局、ここで死んじゃうわけですね。病気とかなんかではなくて。いろんなことを考えて……。

　そろそろまとめますね。何を一番お話したかったのかというと、私たちは、君たちもそうですが、全員共通しているのは、みんな同じなのです。何が同じかというと、いつかは必ず死ぬということ。これは逃れられない。ただ、ちょっと早く死ぬ人もいます。ちょこっとだけ長く生きるかも…。でも、さっきの熊の、大自然の中から考えると、それほど時間は関係ないんだよね。とても長い大自然の時間から考えれば、ちょっと早いか、ちょっと遅いか。共通しているのは、全員死ぬということ。これらの本を読んでいたら、それに気がついた。

　私たちはあんまり考えないでしょう。ずっと先のことだと思っているじゃない。みんな、まだ子どもだから。死ぬという、あと何日だなんていうことは、ピンとこないでしょう。あと10年も20年も30年も、50年も、１００年も生きられるような感じしない？　１００年なんて絶対に生きられないよ。じゃ、90年は生きられるかな。80年は生きられるかな。

　そういうことをいろいろ考えていったら、死ぬということは、私たちはどうも生というこちらからばかり考えている。ずっと生きているから、命があるから、いつかは死ぬなぐらいに考えているけれども、よくよく考えたら、死のこちらから考えることではないかなと思うのです。ちょっと難しいですけれどね。

　みんな死ぬのだから。死ぬということは、生きることなのだなという、死ぬまでどういうふうに生きるのかなということ。私たちは、死をあまり意識しないから、だらだらだらだら生きていく。でも実は、よく考えたら、必ず死ぬわけで、どんどんこれに近づいていく。１日１日１秒１秒近づいていく。やっぱり死ぬまで自分の命を大事にしなきゃいけないなということに、一つ気がついたのです。

　だから、さっき話したように、死ぬということは、ああ、生きることなんだなと。ところがアナグマさんみたいに、確かに体はなくなる、命はなくなるかもしれない。でも、アナグマさん、生きているでしょう。この村の動物たちの心の中にはしっかり生きていますよね。ということは、死ぬということから、また命が生まれるのだなということ。このことは体はなくなってしまうけれども、ちゃんと、また新たに生きることが始まるんじゃないのかなということだと思う。死ぬということは、それまでいかに一生懸命生きるかということだけれど、ひょっとしたら、死ぬということは新しく生きることが始まることではないのかと考えました。

　みなさんにお願いをしたいのは…。これから死ぬまで、大人になるまで、大人になってからもそうですが、つらいこと、たくさんあると思います。壁にぶち当たることがあるでしょう。でも、絶対ね、死んではだめだよ。絶対に死んではだめ。自分で自分の命をおしまいにする人がいるでしょう。それはだめ。なぜならば、校長先生だって、死にたくない。できれば命をいただきたい。もし、もう自分の命がいらないよという人がいて、その人の命をもらえるのなら、もらいたい。なんでもったいないことをするかな。それは、ほんとに死ぬことにつながる。わかる？　ほんとに死ぬこと。きちんと一生懸命生きてきて死ぬのなら、新しく生き始めることができる。そうではなくて、自分で自分の命をなくしてしまうことは、ほんとに死ぬ。

　それからもう一つ、自分が何か信じるものをぜひもってほしい。そうすると、壁にぶち当たったときに、きっと助けてくれる。それは、自分の家族かもしれない。私はお父さん、お母さんを信じている、それでも構わない。あるいは、神様を信じる人が出てくるかもしれない。仏様を信じる人が出てくるかもしれない。それは何でもいい。とにかく何か信じるものを少しずつもっていると、そういう壁を乗り越えることが必ずできると思う。

　最後、三つめ。卒業式のときにもお話しましたが、壁にぶち当たったり、いやだなと思うことがあったら、子どものときにはそうでなくてもいいと思いますが、大人になって、いやだなと思ったり、どうしようかな、疲れたな、冗談にでも死んでしまおうかなと思う。ほんとに死んじゃだめだよ。本屋さんに行って、なんでもいいから絵本を一つずつ見ていく。必ずあなたたちを力づけてくれる絵本が1冊、必ずあると思う。それはほかの人にはわからないけれども、そのときにあなたを力づけてくれる絵本が必ず1冊ある。子どものときに読む絵本とちょっと違うと思う。ぜひ読んでみてください。

暗い話が続きましたね。ついこの間、この本を見つけたのです。『あおくんときいろちゃん』。これ、読んだことある人、いない？　有名な本だよ。すごくおもしろい。これは1年生くらいの子どもでも、先生みたいにおじさんでもおもしろい。これを読んで終わりにしたい。『あおくんときいろちゃん』という本。いろいろ感じることがあったらいいけれど…。

『あおくんときいろちゃん』、レオ・レオーニ作。

「あおくんのおうちはパパとママと一緒。お友達がたくさんいます。でも一番の仲よしはきいろちゃんです。（中略）あおくんはきいろちゃんと遊びたくなりました。あちこち捜して、とうとう街角でばったり。あ、きいろちゃん、よかったね。あおくんときいろちゃんはうれしくて、もううれしくてうれしくて、とうとう緑になりました。

あおくんときいろちゃんは公園へ遊びに行きました。ああ、くたびれた。おうちに帰っていきました。

ところが、「おや、この子、緑の子、うちのあおくんじゃないよ」（中略）あおくんときいろちゃんは悲しくなって泣きました。大粒の青い涙と黄色い涙がこぼれました。（中略）

青の涙はあおくんに、黄色の涙はきいろちゃんになりました。パパもママもあおくんを見て、大喜び。しっかりと抱き上げました。今度はきいろちゃんを抱きました。おやおや、ごらん、緑になるよ。パパにもママにも、やっとわけがわかりました。

（中略）」終わり。

　どうということないんだけれども、私はちょっと素敵だなと。なぜだかわからない。なぜかなと思うんだけども、素敵だなという絵本、『あおくんときいろちゃん』。これが最近見た本では、素敵だなと思った本です。

　あまりおもしろくない話を一時間ぐらい聞いてくれて、ありがとう。

　あ、大事なことを言うのを忘れてた。

　今、私の願いは、あなたたちの卒業証書の名前を書くまでは倒れられないな。だめかもしれませんが、そこまではがんばらなければ…。10か月間、ぜひ倒れないようにがんばります。卒業証書を書けるように、無理をしないようにやりたい。

　はい、終わります。

　それでは、ありがとう。

全員　ありがとうございました。

第二章　絵本「わすれられないおくりもの」　5年

大瀬　家族の授業を受けたクラスの人、いる？浅間山の火山の爆発の。あれは「命と家族」という授業だったのですが、同じように、きょうは「命」の授業をやりたいと思います。

　そんなに難しいことは聞きません。そうやってつぶやいてもらいたい、ぼそぼそっと…。耳が遠いから聞こえないので、だれかいいこと言ったら、あ、いいこと言っているよって教えてもらいたいの。

　じゃ、始めましょうか。

全員　はい。

大瀬　ちょっと暗いお話になるかもしれませんけれど、許してください。話の中身はそんなに明るい話はないと思います。

　ここ1年ぐらい前、あるいは2年ぐらい前でもいいのですが、親戚の方とか、身近な方で亡くなられた人はいますか。

（挙手を見て）

　たくさんいるね。（正一の顔を見て指名）

正一　日曜日。

大瀬　そんな近く。

　どなたがお亡くなりになった？

正一　ひいおじいちゃん。お葬式に帰るの。

大瀬　お葬式なんだ。何でお亡くなりになったのですか。

正一　寿命と、それと体が弱かった。

大瀬　何歳？

正一　97歳。

大瀬　すごい長生きでしたね。
晶子　去年9月ごろ、ひいおばあちゃん。
大瀬　何でお亡くなりになった？
晶子　寿命です。
大瀬　何歳でした？
晶子　96歳です。
大瀬　それも長生きですね。
恭子　今年3月の半ばごろに、交通事故でおばあちゃんが亡くなったんです。
大瀬　それは急だったね。
太一　去年の6月15日におじいちゃんが亡くなった。
大瀬　身近な人、亡くなっていますね。
隆子　今月の日曜日に、お母さんのおばさんが、おふろで寝ていたら溺れちゃって亡くなった。
大瀬　突然だね。
　ちょっと聞きますけど、病気で、がんで亡くなったという人、身近にいる人いますか。
誠司　横浜にいるときに、幼稚園から帰ってきたら、お母さんにそう言われた。
大瀬　どなたが亡くなられたの、親戚の方？
誠司　おじいちゃん。
美子　いつだか思い出せないんだけど、おじいちゃんが肺がんで亡くなった。64か、65歳で。
大瀬　64か、65…。
一郎　多分3月ぐらいだと思う。
大瀬　今年ですか？
一郎　ひいおじいちゃんががんで亡くなった。87歳。
大瀬　病気とか、交通事故というか、事故で亡くなる方が、日本全国で1年間にどれくらいいると思いますか。
孝　結構いる。
大瀬　結構いるよね。
光一　何百万。
英輝　何万。
大瀬　何万だろうね、やっぱり。
友一　1億だと……

大瀬　全員死んでしまうんですけれど…。答えをお教えしましょう。

だいたい１００万人です。１００万人がちょっと欠けるぐらい。

そのうちで、今私が聞いた、がんで亡くなる人が一番多いんです。どれぐらいだと思いますか。１００万人のうち……

重彦　70万人ぐらい。

琢郎　60万人。

久美　約半分。

大瀬　約半分、50万人ぐらい。

翔子　40万人。

大瀬　ちょっと減ってきたね。

はい、これもお答えをお教えします。

30万人です。だいたい３人に１人。ちょっと難しいかな。３分の１ががんで死んでいます。

日本人の１００万人が死んでいるうち、30万人ががんで亡くなっている。毎年増えていっている。

ちなみに、今お話ししてくれた、悲しい、突然亡くなる、交通事故で亡くなる人はどれぐらいだと思いますか。

重彦　がんよりは少ないかな。

大瀬　がんより少ない。

恒太　20万ぐらい。

大瀬　20万人、交通事故で1年間に死ぬ人。

誠司　交通事故、多そうな感じ。

大瀬　どれぐらい？

孝　だいたい20万人。

大瀬　20万人ぐらい。

恵理　10万人。

大瀬　10万人ぐらい。

美子　15万。

大瀬　15万人ぐらい。

これもお教えしましょう。

平成14年、昨年1年間に交通事故で亡くなった人が何人？　びっくりすると思うよ。

８千３２６人。

友一　わぁ。

大瀬　思ったより少ないでしょう。もちろん多いんだけど。１００万人のうち８千３２６人。がんは30万人。

太一　それに比べたら少ないと思う。

大瀬　比べ方の問題ですね。がんに比べれば、交通事故で死ぬ人は非常に少ない。少なくなってきたんです。でも、平成４年、10年前、交通事故で死んだ人は１万１千人いたんです。どんどん減ってきました。ところが、がんだけはどんどん増えてきた。

重彦　逆になっちゃった。

大瀬　そうなんです。交通事故は減ってきているけれど、がんはどんどん増えてきている。

　実は、もうみんなも知っているかもしれませんけど、校長先生もがんなんです。３年半ぐらい前に胃にがんが見つかって……

一郎　ちっちゃいのでしょう。

大瀬　大きかったの。それもちょっと悪くなってきた。

琢郎　悪性？

大瀬　もちろん悪性です。だから胃を全部とっちゃった。

隆子　えっ！

光一　食べれないじゃん。

大瀬　ねぇ、食べられないね、と思うでしょう。食べられるんですよ。

英輝　なんかつないで？

大瀬　だから食道と腸をつなぐんです。でも、できないこともたくさんある。早食い選手権なんか絶対に出られない。一気に食べられない。胃袋がないから。だからちょっとずつ、１日に５～６回食べていた。今はそんなことないけれどね。

　でも、生きていられるんだよ。胃にがんができて、それをとっちゃった。がんは、エイズやＳＡＲＳみたいに、ほかの人にはうつりません。ただ、がんが厄介なのは、自分の体の中のどこにでも移ってしまうことです。

恵理　転移する。

大瀬　よく知っているね。

　なぜ胃をとってしまうかというと、そのままにしていると、ほかのところに転移してしまうからなんです。そうしたほうが一番いい。

　で、とったけれど…。転移しないなと思っていたら、転移してしまったんですよ。ちょうど1年ぐらい前に、また調子が悪くなって、お医者さんへ行ったら、ああ、残念ですね、転移しました。今度は腸に転移しちゃった。

　腸と、ここに腎臓というのがあるのですが、腎臓は二つあります。左のほうに。今先生の左の腎臓はもう死んでいます。右側だけ。まぁ、二つあるから大丈夫だけど、だから右側に移ってしまうとまずい。

　それで今、腸に転移したから、うまく物が食べられない。ほとんど——、ほとんどじゃないかな、みんなの4分の1ぐらいしか食べられなくなっちゃった。でも、食べても、もどしてしまうの、ガッと。けさも食べていません。食べられない。食べ過ぎると、バッともどしてしまうから…。

太一　死んじゃうよ、食べてないと。

大瀬　不思議じゃない？　だからこれやっているの。

光一　点滴？

大瀬　点滴。病院に入るとね。

　入院したことある人？

町子　はい。

大瀬　点滴やった？

町子　やった。

則夫　何回も入院している。

大瀬　何回も入院したの。

　点滴やった？　どこに入れた？　ここに（腕を示して）入れた。注射針をね。ずっと待っているでしょう、終わるまで。

　食べられないと死んでしまうでしょう。栄養がなくなってしまうから。だから、校長先生も食べられないから、そのままにしていると死んでしまいます。去年の夏に、食べられなくて、ちょうど今ごろから暑くなってきたね。暑かったでしょ。

恒太　すごく暑かった。

大瀬　食べられなくなって、胃をとって、12キロやせたんです。

重彦　胃って、そんなに重いの？

大瀬　重くないんだ。胃をとったからやせたのではなくて、胃をとっちゃって、栄養がうまく吸収できないから、食べても太れないの。63キロぐらいあったのが、51キロぐらいまでやせてしまったの。

それが、去年の今ごろから夏にかけて、また食べられなくなって、44キロまで落ちてきた。覚えている人、いないでしょう。去年の夏に、夏休みごろこんなやせちゃって……。

恭子　やせていた。ちょっとげっそり……。

大瀬　げっそりしたの。自分でも死ぬかと思ったの。

それでしょうがなくて、栄養を入れなきゃいけないから、それから始めたんです。（点滴のバッグを持ち上げる）

ここ（左腕を示す）に注射したって言ったでしょう。校長先生は違うの。ここ（右肩下を示す）に管がこう（指で身体をなぞる）入っているんです。穴がここに開いていて、それでずうっとこうきて、ここ（点滴バック）に入る。見たい人。（バッグのカバーをとる）

琢郎　えっ。

孝　あれ、もうないんじゃない、中身。

大瀬　入っている。きょうの夜まで大丈夫。

これにカバーしているのは、日光に当たると、蛍光灯の光もだめなのですが、栄養分が壊れてしまうからカバーをしているのです。中身はこんなもん。薬が入っていて、ここからこうきて、ここにポンプがある。これで、ここに電池が入っていて、少しずつ血管の中に栄養が入るようになっている。

紀子　魚の空気を送るポンプみたい。

大瀬　似ている、似てる。原理はおんなじ。ちょっとこっちが精密にできているだけで。

勇　似ている。

大瀬　似ているよね。だからこれで校長先生は生きているんです。これがなくなると死んでしまいます。（カバーをして元に戻す）それで、ここにこうしょっているわけ。ちょっと不便だけどね。

孝　習慣、なれるよね。

大瀬　不便だけど、これで生きていられるんだもんね。

　不便なんだ。何が不便だと思う？

祥子　持ち運び。

大瀬　まず持ち運びね。

　あと？

久美　動き。

大瀬　動きがやりづらいでしょう。

　それから？

光一　それにずり落ちそうで、そのかばんが。

大瀬　おふろに入れない。ここまでしか入れない。だからここまで入って、下を洗って、今度上はずうっと、別にまた洗う。それが不便。そんなのはどうでもいいですけれども、生きていられるのだから…。

大瀬　今までのお話は、まだ前段なの。きょうは、みんなに「命」について考えてもらう。命って何だろう、ということを考えていただきたい。

　命って何だろう。

有紀　大切なもの。

大瀬　大切なもの、そうだね。たいへん大切なもの。

正一　生きていること。

大瀬　生きていること。

生きていることが終わると？

恵理　死ぬ。

大瀬　これが死だね。

じゃあ、命っていうのは、例えば、私の命、君の命。私の命といったら、私がいつから？

清一　生まれたときから。

大瀬　生まれたときから……

秋彦　死ぬまでもっているもの。

大瀬　それが私の命でしょう。

君の命っていったら、君が生まれてから死ぬまでの……

秋彦　間。

大瀬　間の命。これを生きているって言うんだね。そうでしょ。

生きているっていう、これが一つ。

でも、命っていうのは、それだけかな。それを考えてもらいたい。じゃあ、私が生まれてから、死んでしまったら、それで命は終わりなのかなっていうことを聞いてみたい。そのことをちょっと考えてもらいたい。

正二　死んでから体から魂が抜けていく……

大瀬　なんか魂は残っているとかなんか…。

一郎　その魂がまだ生きている。

大瀬　じゃあ、私が死んでも魂は生きているんだ。

重彦　体は……

大瀬　体は死んでしまうの。

じゃあ、もう一つ、魂？　命っていうのは、一つは「魂」だというのね。

去年、松永先生、3年生のときに、1年間、カマキリを飼っていたのを知っている？

（つぶやきがあちこちで起こる）

光一　知ってる。

重彦　職員室の前に……。

大瀬　いっぱいあったでしょう。

ちょっとそれを考えてもらいたいのだけれど、1匹のカマキリは、どれぐらいで死んじゃうんでしたっけ。

松永　4月に孵化して、12月の頭ですね。

大瀬　4月に卵から孵化して、12月ぐらいに死んじゃう。

　だから卵から孵化して、死ぬ、これが何か月？

恵理　8か月。

大瀬　で、1匹のカマキリの命が終わるわけでしょう。でも、終わってないんじゃない？

美子　卵を産んで、それからまた赤ちゃんが出てきて、それがまた大きくなる。

大瀬　そうだよね。

太一　子孫を残す。

大瀬　そうじゃない。自分はどうですか。カマキリは、卵から生まれるね。自分はもし……

琢郎　死んでも、その子孫ができる。

大瀬　卵が残っているでしょう。

光一　残っているから、それでまた生まれて残っているという感じで……

大瀬　それをくり返しているんですよね。

　それ、命って言わないのかね。（つぶやきが起こる）

重彦　言っていいような気がする。

大瀬　例えば、私は生まれてから死ぬ、この間を命って言います。でも、よく考えてみて？

友一　人間だってさ、子どもを産んで、またそれをどんどんつくり続ける。

大瀬　つながってない？　カマキリと同じように。

優子　血がつながっている。

　だから、それはずっと続くまで命がある。

大瀬　続いている。（板書する）

　じゃ、続いていると言っていい？

　命っていうのは、1人の、あるいは、1匹の命が終わる。それを命と言うときもあるけれども、そうでなくて、自分の子どもとか、またその子どもとかに「続いている命」もあると言えない？

光一　言える。

大瀬　言えるよね。これも命って言うけれども、これも命。

　この言葉を少し、「続いている命」というのに合わせて、なんかいい言葉がない？

（板書を示しながら）（つぶやきが起こる）

　1人の命でしょう。命というのは、1人の命と考えることもできる。でも、そうじゃないよ。ちょっと考えを変えれば、続いている命って考えることもできる。それも命と言えるんだよ。

美子　両方の意味。

大瀬　言えるよね、両方の意味。

　で、もう一つ、これもさっき言ってくれたでしょ。これ、大事なんだよね。ちょっと絵本を読みます。（本を見て知っているという反応、つぶやきがある）

　読んだあと、またちょっと話をしたいと思います。

『わすれられないおくりもの』、スーザン・バーレイ作。

　アナグマさんの物語。

「アナグマは賢くて、いつもみんなに頼りにされています。困っている友達はだれでもきっと助けてあげるのです。それに大変年を取っていて、知らないことはないというぐらい物知りでした。アナグマは自分の年だと死ぬのはそう遠くはないことを知っていました。

（中略）

　ある日のこと、アナグマは、モグラとカエルの駆けっこを見に丘に登りました。その日は特に年を取ったような気がしました。あと一度だけでもみんなと一緒に走れたらと思いましたが、アナグマの足ではもう無理なことです。それでも友達の楽しそうな様子を眺めているうちに、自分も幸せな気持ちになりました。

　夜になって、アナグマは家に帰ってきました。夕御飯を終えて、机に向かい手紙を書きました。

　揺りいすを暖炉のそばに引き寄せて、静かに揺らしているうちに、アナグマはぐっすり眠ってしまいました。そして不思議な、でもすばらしい夢を見たのです。

(中略)

次の日の朝アナグマの友達はみんな心配して集まりました。アナグマがいつものように「おはよう」を言いに来てくれないからです。

(中略)そして、アナグマの手紙をみんなに読んでくれました。

「長いトンネルの向こうに行くよ。さようなら。アナグマより。」森のみんなはアナグマをとても愛していましたから、悲しまない者はいませんでした。

(中略)

そんなだれにも何かしらアナグマの思い出がありました。アナグマは一人一人に、別れた後でも宝物となるような知恵や工夫を残してくれたのです。みんなはそれで互いに助け合うこともできました。

(中略)

ある暖かい春の日にモグラは、いつかカエルと駆けっこをした丘に登りました。モグラはアナグマが残してくれたおくりもののお礼が言いたくなりました。「ありがとう、アナグマさーん」、モグラは何だかそばでアナグマが聞いてくれてるような気がしました。

そうですね。きっとアナグマに聞こえたに違いありませんよね。

はい、おしまい。

何かいい言葉はありませんか。

重彦　今の本を聞いたら、なんか続いているというのもあるけど、自分が生きているときに、ほかの人に自分のことが伝わっていることが、みんなに知ってもらったというか。

大瀬　そういう命のことを何の命と言うのか……。

重彦　続いている命と1人の命。

大瀬　1人の命。続いている命。

続いている命と同じかな。

光一　なんか少し違う。
大瀬　ちょっと違うね。
　なんかいい言葉ない？
重彦　心の中に残っている命。
大瀬　いい言葉だね。
　心の中に残っている命。いいねえ。
「心の中に残っている命」。
重彦　みんなが、キツネとかモグラとか、そういう人がアナグマのことをすごく頼りにしていて、心の中にそのアナグマのことがあるから、アナグマが命というか、アナグマの命が自分の心の中にも入ってきている。
大瀬　いい言葉だね。
　ここに、じゃあ今の言葉を入れようか。
重彦　だってその人が、その1人の命がアナグマを知ってから、死ぬまでその心の中にアナグマはずっといる。
大瀬　アナグマは1人の命で、亡くなった。死んでしまったわけでしょう。でも……
光一　友だちの心の中にずっと残っている。
大瀬　残っている。生きている。どっちでもいいね。
　全然違う言葉で言ってくれる人、いませんか。同じことだけれども。何でもいいですよ。違う言葉で。
　はい、読んでください。「1人の命」。
全員　「1人の命、続いている命」。
大瀬　ここの言葉を考えてもらいたいの。もう1回いくよ。
全員　「1人の命、続いている命……」
大瀬　さっき言ったじゃない。
恵理　永遠の……。
大瀬　この言葉、どう？　これもすごくいいけど、でもここからいったときに、これが1番、2番、3番といったときに、はい、もう1回言ってください。
全員　1人の命。続いている命。「永遠の命」。
大瀬　のほうが、なんか言いやすくない？

英輝　永遠の命って、アナグマが死んじゃっても、まだつながって、残る。

大瀬　そうそう。こういうことだよね。さっき言ってくれた、このことなんです。

　だから1人のアナグマさんが死んだとしても……

恵理　ほかの人たち……

大瀬　の心の中に永遠に残っている命もあるということ。それを魂と言いましょう。最初に戻るとね。そういうことです。

重彦　先生。

大瀬　はい。

重彦　ほかの永遠の命が、友だちにあるとして、その友だちが例えば一つの本に書き残して、それが……。

大瀬　また残すわけだね。だから、ひょっとしたら続いている命と言えるかもしれない。でもちょっと違うよね。これは自分の子ども、例えば、ヤギのココアとミルクがチョコに続いているわけでしょう。（浜之郷小学校で飼っているヤギの名）

誠司　チョコもまた、子をつくり……

大瀬　また子どもがきたら、続いている命。ヤギもそうなんです。

恭子　確かに永遠だね。

大瀬　そう。それも永遠だね。

　たいへんいい言葉を出してくれました。

　ありがとうございました。

全員　ありがとうございました。

第三章「家族・いのち」

6年

大瀬　去年は、絵本の授業やったでしょう。

子ども　はい。

大瀬　何の絵本?

子ども全員　「100万回生きたネコ」と「わすれられないおくりもの」。

大瀬　そのときに、卒業証書の話、したっけ?

子ども数人　した。

大瀬　きのう、おととい、卒業証書が届いたんです。これから名前を書くのだけれども、おかげさまで、書けそうです。2月になったら書き始めたいと思って、たいへん喜んでいます。書けるかな、少し元気になったかな。これもみなさんのおかげ。励ましてくれたから、なんとか卒業式を迎えられそうな気がします。ありがとうございます。

　きょうは、また別のお勉強をいっしょにやります。難しくはないので、考えたことをどんどんお話してくれれば、いいかなと思います。

　では始めます。

　何の写真でしょうか、っていうところから始めます。

はい、どうぞ。

子ども数人　骸骨。

大瀬　骸骨。骸骨になっているから、死体ですね。

　これ人です。

　同じ写真をもう1枚、別のところから撮った写真。

何の写真でしょうか。骸骨の写真ということはわかった。どういうところの写真でしょうか。
はい、どうぞ。

はやと　山奥。

大瀬　山奥。どういうところからわかりましたか。

はやと　階段みたいなのが、手とかが。

大瀬　こっちのほうがずっと山の上のほうになっているんだ。なるほどね。
はい、ほかには。

けいた　見つかりにくい場所。

大瀬　見つかりにくい場所？

けいた　骸骨が見つからない。

大瀬　ああ、それまでわからなかったんだ。
それが？

けいた　見つかった。

大瀬　見つかったんだ。どうして見つからなかったのですか。
この骸骨は、この人は亡くなってから時間がたっている。ずっと見つからなかった。――ちょっと見にくいかな。

子ども　いや、大丈夫。

大瀬　大丈夫？
どうして見つからなかった。

子ども　山奥だから。

大瀬　山奥だから。
ちょっとこっちの写真、見てくれますか。これだとわかりますか？

子ども　何かすごく大きい。岩と岩……。

大瀬　これ、土です。

子ども　地下？

大瀬　うん、地下です。
この人たちは何をやっているのでしょう。ここに2人いますね。もちろん調査団ですよ。ほら。

子ども　はしごがある。

大瀬　はしごがあるよね、ここに。
何をしているんですか？　調査と、調査の前になにかやった。

子ども　穴掘り。

大瀬　これ、穴掘ったんですよ、ここを。

　ということは、なんで見つからなかった？

子ども数人　埋まっていた。

大瀬　埋まっていたんです。２１９年埋まっていた。だから、この方は２１９年前に亡くなった。階段のところで亡くなった。ずうっと埋まっていたのを、これ、どうしたの？

子ども数人　掘り出した。

大瀬　掘り出した。そういうのを何と言いますか？

子ども数人　発掘。

大瀬　発掘と言いますね。昔の人のくらしを、どういうくらしをしていたのかとかを調べるのに発掘をして出てきたという写真です。

　それでは、これ、どういう場所だったのだろうか。さっき山のほうにずうっと登って行くっていう。

子ども　墓場？

大瀬　じゃあ、もともとお墓だったのかな？

子ども数人　そうじゃない。

子ども　じゃないでしょう。

大瀬　そうかもしれないね。お墓なんか掘ったら、必ず出てくるかもしれないもんね。

　ここは何だったんだろうか。この階段が一つのヒントになる。

　はい、どうぞ、だれか。

子ども　神社？

子ども　お宮？

大瀬　お宮さん。

　それから。お宮とか、神社とか……

子ども　お寺？

大瀬　お寺。お寺にこういう階段がよくありませんか。

子ども数人　ある。

大瀬　この上のほうにお寺があって、あるいは神社があって、よくこういう階段がついていますね。そういうところではないか。そっちは山かもしれません。

はい。お寺です。

ずうっと登って行きますと、ここにお寺がある。そこのところをずうっと掘っていったら――、埋まっていたんですね――、これが出てきたというところです。

それでは、説明をしましょう。

２１９年前、どうしてこれが埋まったか。

浅間山って知っていますか。

子ども　名前は知ってる。

大瀬　浅間山、火山です。これからちょっと推理をしてください。

けいた　火山灰に埋まった。

大瀬　火山灰がどういうとき降り積もりましたか。

けいた　火山が噴火したとき。

大瀬　火山が噴火したとき。爆発したの。今から２１９年前。１７８３年、浅間山という火山が大爆発を起こしました。そのときに、火山灰とか岩石とかが山の斜面に降り積もったのです。それが一気に下へ雪崩のように押し寄せたので、そのために埋まってしまった人の骨です。

そのときに火山灰とか岩石が押し寄せてきた下のところに、鎌原（カンバラ）村という村がありました。ここに当時、家が約１００軒あったそうです。６００名の方が住んでいましたけれども、４７７名が死んでしまった。

助かった人は、用事かなにかでほかの村に出かけていた人。それから、この上にある小さなお寺、観音様を祭ってあったので、観音堂。その鎌原の観音堂に駆け上がった人93名が生き延びた。あとは全員死んでしまいます。

どういう様子か、ちょっと図にしてみました。ここにお堂があります。お寺です。今どういう様子か。これも写真に撮ってきたのでね。わかりますか。

今このおじさんがのぞいているでしょう。それがここです。ここに15段階段があります。橋がかかっている。それまではここが全部――、今の道路はここです。ここをこういうふうに掘ったのです。階段がここから少し見えていました。だから、この階段はずっと下に続いている、ということは昔からわかっていた。

　じゃあ掘ってみようと、こう掘ったのです。そうしたら階段が出てきたのです、２１９年前の階段が。ちょうど階段の下から2番めぐらいのところに。実は、これはお二人なんです。

子ども数人　ええっ！

大瀬　２人なんです。ちょっと見えないですよね、そのようには。ここに頭が１つあります。これは頭蓋骨です。ここにも１つ頭がある。

子ども　ほんとだ。

大瀬　これかな。これだ。これが見つかった。ちょうど下から2段めぐらいのところ。1段め、2段めのところに頭が１つ。よくよく見たら、調査をしたら、２人分の骨だったんです。

　どういう状況か、これで見るともっとよくわかる。

　これが浅間山。観音堂。こういうふうに土の雪崩がどおっと押し寄せてきて、ここが村です。少し高いところにお寺があって、ここに駆け登った人が助かった。ほかの人は全員ここに埋まってしまった。

　少し様子はわかりましたか。で、掘ってみたら、ここの下にお二人の骨が出てきたという。それがこの写真の説明です。

　この骨を上に上げまして、大学の医学部に持っていって、鑑定をしてもらったら、この上の人は女性でした。身長が１４５センチ。

子ども　ちいせえ。

大瀬　１４５センチぐらいの人、いますか。女性で。はい、ちょっと前に出てきてください。

　これ、上の人。

　ここに頭の骨がある人が、やはり女性だった。１３９センチ。もうちょっと小さい。

子ども数人　チョーちっちぇえ。

子ども　大人の人なの？

大瀬　いや、まだわからない。さあ、どうだろう。

　女性で１３９センチぐらいに一番近い人。だいたいでいい。――これぐらいだと思う。

子ども　あまり変わらないじゃない。

大瀬　変わらないかな――、変わらないね。６センチぐらい違わなきゃいけないんだ。あなたより、もうちょっと小さい人。

　いいでしょう、少しかがんでみて――、これぐらいだね。はい。

　さあ、２人の女性だということがわかった。身長がこれぐらい。体重はもちろんわかりません。肉が残っていませんから。

　こちらの人、仮にＡの女性、頭の回りに髪の毛が残っていました。一部白髪がまじっています。

　それから、骨をよく調べたら、年齢もわかった。

子ども　おばあさん。

大瀬　だいたい60歳ぐらいだった。それから、このおばあさんは、すでに腰が曲がっていた。おそらく歩くのが不自由だったろう、足が悪かったのではないかという。腰が曲がっていて、足が悪い。

　もう一つ、綿入れの頭巾をかぶっていた。

子ども　防災頭巾？

大瀬　防災頭巾みたいなものと考えたらいいでしょうね。みんなの持っているような防災頭巾みたいに綿が入った頭巾をかぶっていた。ここのそばにそれが残っていたんです。今ここには写っていませんけども、残っていた。そこまでわかった。

　こちら側の女性、仮にＢとしておきましょう。Ｂの女性。下のほうの人です。年齢がわかりました。　40歳ぐらい。髪の毛をポニーテール――、わかります？　こういうふうに結わえていたそうです。こちらのAの女性は白髪頭。こちらは40歳。こちらの40歳ぐらいのBの女性も、ちょっとだけ白髪がまじっているということ。ここまでわかった。

　ここからが問題なのです。これからはわからないんですよ。

　もう一つ大事なことがわかった。この上の女性、Aの女性が例えばこれでいきますと、こういう向きになっています。こうでしょう。こちら、こういっているようなんです。こういうふうに死んでいるんですね。こうじゃなくて。この階段がこうあるでしょう。両方とも向こう向きで死んでいる。

　そうして、大事なことがわかった。こういう状態なんです。わかります？

子ども数人　おんぶしていたんだ。

大瀬　このAの女性、ちょっと年配のお年を召した女性のほうが上になっている。ここにあるBの女性が下になっている。こうなっているんです。

　わかった？　今。

子ども　そうか。親子なんだ。

大瀬　はい、ありがとう。

　さあ、ここから推理を働かせていただきたいのですが、どういう状態だったのか。亡くなったときにどういう状態だったのでしょう。ちょっと想像してもらえる？　何かお話していた人がいます。どうぞ。

（子どものつぶやきが増えてくる）

あき　おばあさんを助けようとしてBさんがおんぶをして、上へ上がろうとしたときに後ろから押し寄せてきた。

（つぶやき）

大瀬　昔の道路、ここです。逃げてきた？

子ども　お寺のところに逃げようとした。

大瀬　ここに駆け上がると助かるだろうと——。だから道路をずっと逃げてきた。どうやって逃げてきた？

子ども数人　おんぶして。

大瀬　おんぶして逃げてきたというのは、どうして推理できます？

子ども数人　おばあさんは、腰が曲がって、なかなか歩けなかった。

大瀬　それは想像できる。

ともなり　階段に来たときに、力尽きて倒れてしまった。

（つぶやき）

大瀬　ほかに。想像してください。

すごい土の雪崩が押し寄せてきて――。これまでに出てきたのは、観音堂に駆け上がれば助かる、でもおばあさんは足が悪くて、腰が曲がって、走れない。そこでBの方が、おばあさんに防災頭巾をかぶせて、おんぶして逃げてきた。ところが、2段めのところで力尽きて……

子ども　こけた。

大瀬　こけたのかもしれない。あり得るよね。

（つぶやき多い）40代と60代なんだけれども、体の大きさはどうですか？（つぶやき多い）さっき、ゆいさんが小学生かなんか言ったじゃない。疑問をちょっと教えて、そこの考えを――、どうして小学生だと思う？

ゆい　背が小さいのでそう思う。なんか、そこに早く上がれるという気がしてたんだけど、やっぱり20代ぐらいの人じゃないから、子どもが転んじゃったら、いっしょにころんじゃったのかな？　って。

大瀬　私も、身長を聞いたときに、ものすごく不思議に思ったんです。小さ過ぎる。で、どうしてこんなに小さいんですかって聞きに行きました。そうしたら、これは江戸時代ですが、江戸時代の女性の身長としては、これが普通なんだそうです。だから、ちっともおかしくない。

子ども　子どもは？

大瀬　子どもはもっと小さい。（つぶやき多い）それぐらい栄養状態はよくなかったんですね。まあ、それは置いておきます。

おかしくないのです。おかしくないんだけれども、それにしても、Bのほうの人が小さいでしょう。そしてお年寄りをおんぶしていた。

子ども　自分だったら、見捨てて登る。

大瀬　見捨てたかもしれない。

ともなり　だけど、先に行ってって……。

大瀬　いいこと言うね。今の、ちょっと覚えておいてね。

もう1回言って。

はい、どうぞ。

ともなり　おばあさんはB？

大瀬　Aの人。

ともなり　（なりきった声で）「おばあちゃんはいいから、先に行って！」。（笑）

大瀬　いいねぇ。「おばあちゃんはいいから、先に行って」と言ったかもしれない。

（つぶやき多い）

はい、どうぞ。

みさ　Aさん、Bさんは親子だから……

大瀬　親子なの？

子ども　親子でしょ。

（つぶやき）

大瀬　どうして親子だと思った？　それを聞きたいの。

（つぶやき）

子ども　おぶったりして。

（つぶやき）

子ども数人　親子じゃなかったかもしれない。

大瀬　この2人は親子だった。そんなこと、なんにも言ってないよ。なんとなくそういうふうに感じた？　だから「私はいいから、あなた、先に逃げなさい」と言ったんじゃないかというのは、あなたも親子だと思ったんだ。

ともなり　うん。

のりこ　年齢的にやっぱり親子じゃない？

子ども　義理の親子。

大瀬　義理のきょうだいかもしれない。

子ども　あり得る。

大瀬　あり得るね。

のり子　お嫁さんとか。

子どもたち　あー、あー。

のり子　嫁としゅうとめ。

ゆい　あり得る。

のり子　嫁としゅうとめ関係かもしれない。

大瀬　さっき嫁としゅうとめと言ったのは、このお嫁さんと、だんなさんのお母さん、この関係を嫁、この人のお嫁さんでしょう。嫁としゅうとめ。これは実の親子ですか。

子ども数人　違う。義理の……。

大瀬　義理の親子って言うんだよね、そういうのを。そうじゃないかな。

　親子だと思う人？　実の親子。ほんとの親子。

（つぶやき）手挙げて——はい、わかった。

　嫁としゅうとめだと思う人（つぶやき）——はい。

　きょうだいだと思う人。

子ども数人　きょうだいはないでしょう。

大瀬　きょうだいはいないね。離れ過ぎているね。

　もう一つある。いや、これは全然関係ない、他人だという人——はい、わかりました。

　その理由を聞きたいんですよ。そういうふうに考えた理由を聞きたい。はい、ちょっと考えてみて。

（つぶやき）

　その理由、お話できる？　まず自分が考えるのは、どういう関係？

子ども　嫁としゅうとめ。

大瀬　嫁としゅうとめ。はい、どうぞ。

子ども　例えば、ほかの見知らぬおばあさんだったら、その家族が助けると思う。

子ども　一人暮らし。

子ども　一人暮らしだったら、まあ、それは助けるかもしれないけど……。

子ども　足が不自由だから……。

子ども　でも、そんなに構ってる場合じゃないんじゃない？

大瀬　そうよね。

子ども　他人だったら……。

子ども　知り合いの人を預かって、逃げる途中に……。

子ども　だって、おばあさんだけで観音堂に着いてなかったら……。

大瀬　他人だと思っている人、何か理由がありましたら。はい、どうぞ。

しゅん　たまたま土が来たから、お寺の上に行こうと思って、行ったら、おばあさんが……

大瀬　足の悪いおばあさんがいた。

子ども　Bさんは防災頭巾みたいなのを持っていて、お年寄りだからそれをかぶせてあげて、それでおぶって助けようと思った。

大瀬　他人だよ。

子ども　そんな余裕が……。

大瀬　甘いかね。

子ども　江戸時代じゃ？

のり子　それはないよ。

大瀬　はい、どうぞ。

のり子　それは反対だと思う。

大瀬　反対？

のり子　そんなに優しいわけないよ。自分が生きるために精いっぱいよ。

大瀬　そこでさっきの話に戻るわけ。

　私はいいから、あなた、先に行きなさい、と言ったんじゃないか。これ、大事なことなんですね。

ゆい　やっぱり６００人という村に、少ないと思うから、まったく知らない人かもしれないけど、やっぱりちょっとは顔を合わせる。それで、優しいおばあちゃんとか、その人はちょっとは、友だちじゃなくてもわかっていて、そのおばあちゃんが田んぼに行ってたかもしれないし、その辺に。

子ども　家にいたと思う。

ゆい　田んぼに、ちょうど外にいたときかもしれないし、ただ、見捨てられなかった。自分は助からないかもしれないけど、おばあさんも助けたい。で、やっぱり勢いでいっしょに連れていった。

大瀬　勢いでね。

（つぶやき）

どっち派？

子ども　他人と思ったんだけど。嫁としゅうとめだったら、普通、子どもがいるんじゃないかな。

子ども　江戸時代だから、女は働き手だったんだよ。だからお父さんの手伝いとかしてるかもしれない。

子ども　寺子屋へ行ってた。

子ども　あと、ほかの村にもいたかもしれない。

大瀬　時間を言ってなかった。

午前11時です。子どもは学校に行ってたんじゃないか。寺子屋ですね。

他人？　やっぱり。

子ども　他人かお知り合い。

大瀬　嫁、しゅうとめかもしれないし、実の親子かもしれないけれども、他人じゃないんだという人、いますか？

子ども　はい。

大瀬　何か理由がある？　理由をちょっと。

みさ　何となく。

大瀬　何となく。でも何となくちょっと考えてもらいたい。

みさ　自分だけでも助かりたいと思うから、実の親子だったら、ちゃんと助けたりするんじゃないか。

大瀬　嫁しゅうとめじゃなくて、実の親子だ。

のり子　江戸時代、人を助ける人がいるじゃない。

ともなり　じゃあきっと……

大瀬　きっと……。

ともなり　他人だとしたら、きっと火山の噴火の震動で、なんか外へ出て、ばーっとおばあさんが倒れちゃって、道端に倒れているおばあちゃんを見て、その人はきっと正義感のある人で、おぶって観音堂に行けば安心だと思ってそこまでいって、力尽きて。

大瀬　自分も死んじゃったのね。

（つぶやき）

のり子　たいへんなときに周りを見てる。余計なところに……

大瀬　そんな余裕はない。

のり子　助けに行く余裕がないんじゃない。

ともなり　助けに行く余裕？

のり子　ともなりが、今正義感あふれるとか言ったけど。

ゆりえ　おばあさんが先に行ったの。それで、その子ども……

子ども　子どもは逃げようとして……

ともなり　自分が逃げようとして、おばあさんが前に倒れてた。

子ども　逃げようとしたところにおばあさんが倒れてた。

のり子　そこまで行ったの、その正義感あふれる人。そこまで行ったんだ。そういう余裕がある。

大瀬　はい、ちょっと聞いてやってよ。

　余裕があるのかって言ってるわけ、現実的に。それは江戸時代にそういうのって言ってるけど、私は江戸時代も同じだと思う。そんな変わらないと思う、今の現実と。そこで考えていこうよ。

（つぶやき）

　はい、もう一度聞きます。どうしても親子だ。実の親子でもいい。嫁としゅうとめでもいいんだと。他人じゃないよという人もいますか。

子ども　もしも、かもしれない。

大瀬　それを聞きたいわけ。どうして他人じゃないと言えるのかな。他人という人は、他人でも助けるんじゃないの、正義感強い人だったら、助けるんじゃないの？

子ども　ほかの人でも、助けられる確率があるんだから。

子ども　他人を助ける……。

子ども　まだこの階段を上るときには、だから、まだ火山は、来てないんでしょう。

大瀬　で、来たわけよ。それで、その後５メートル積もったの。５メートル埋まっちゃったの。どれぐらいのスピードかというと、早いときには、その速さが、時速１００キロ。

子ども　えっ！

大瀬　遅くても時速50キロぐらいで押し寄せてきた。

子ども　村まで、火山まで何メートル？

大瀬　どれぐらいかな。２、３キロ？

山崎　もうちょっとあるかもしれませんね。

大瀬　もっとある。結構これ、遠かったですよね。

山崎　相当。遠いです。

大瀬　遠くても時速１００キロで来たら、そんなには時間……。

　もう少し考えてもらいたい。自分だったら？

子ども　自分だったら……（発言多数で聞き取れず）

大瀬　だれか、こうだっていう理由を言ってくれないかな。私も決めかねている。

　はい、言って、私だったら……。

のり子　助けない。

（つぶやき）

子ども　助けないよね。もう死んでるか……。

大瀬　？　ということは。

子ども　追いついたというか。

子ども　ほんと言うと、もう見えないという。

（発言多数）

のり子　だから、人生的に自分のまだやりたいことがあるでしょ。

ともなり　例えばどんなこと？

のり子　例えば、ともなりがああいう女性だとするでしょ？　で、乗せたとき、おばあさんが言うの。「でも、あなたは結婚していて、妻も子どももいるの。それなのに生きる確率を減らしてもいいの?」

ともなり　妻と子どもに先に行ってもらって、自分がその場……

のり子　残って、死んでもいいのか。あの2人は他人だと思うの。

だから、妻も子どももいるでしょう。子どももまだ小さくて、妻も若いでしょう。噴火が始まったときに、おばあさんが下にいて、ともなりは助けに行くんでしょう。だから、その助ける時間で逃げ切れるわけでしょう。妻も、子どももいて悲しませることになるのよ。いいの?

子ども　おばあさんの知り合いが助けてくれて……。

大瀬　時間は来ているんだけど、ちょっと分けて考えて。自分がAの立場だったら、どうする?

（子どもたちが激論となる）

大瀬　ちょっと待って。

Aの立場だったらという考えで考えてもらいたい。Aの立場だったらどうするか。

結果として、自分が今考えたことから、ずっと思いめぐらせて、この2人の関係をもう1回想像してみよう。

自分がおばあさんになった。で、ここで、2人で亡くなっちゃった。助からなかった。自分はおばあさんの立場だよ。どういう関係だった。手だけ挙げてくれる?

親子である。

子ども　他人に……。

大瀬　他人。もちろん、嫁、しゅうとめ含めてね、さっきの親子は。

じゃあ、嫁しゅうとめを含めて、親子である。義理も含めて親子である。

はい、わかった。

他人だ。

子ども　近所の人。

大瀬　それも他人。

わかった。

じゃあ、Ｂの人の立場で考えます。自分が背負ってるほう。

子ども　知らない人。

大瀬　それでも他人。

　手挙げて。

半々。はい、わかった。

　じゃあ、背負ってるほう、Ｂの人の立場に立って考えても、これはＢも含めて、親子である。

はい、わかりました。半分ぐらいですね。

　わからないと思ってたら、研究が進みまして…。わからないんですけど、よく殺人事件なんかで、あるいは、身元不明の白骨死体が出たときに、人を捜すのにどういう方法を使いますか。

子ども　ＤＮＡ。

大瀬　今、ＤＮＡを使う。もっと何にも、名前も何もわからないときに、土から頭蓋骨が出てきた。この人だれかわからない。

子ども　粘土とかつける。

大瀬　復顔術というのね。この頭蓋骨に粘土をつけていったんです。どうなったか。今ここに写真があるんです。

　見てみたい？

子ども　見たい。

大瀬　結論から言いますね。ＤＮＡ鑑定をまだやってないんです。だから、ほんとうのところはわからない。今のところここだけが考えるもとになる。

　はい、お見せしましょう。

（笑い）

子ども数人　似てるよ！

大瀬　右側のほうがＡです。

子ども　似てるから実の親子。

（つぶやき）

大瀬　これは、きちっとした方法でつくったんですよ。いいかげんにつくったんじゃない。はい、どうですか。

子ども　親子ですか。

大瀬　ま、いろいろ考え方があるでしょうけれども、非常に似ています。

子ども　似てるけども、親子じゃない。

大瀬　わかりません。ほんとのところはわかりません。

子ども　難しい。

大瀬　うん、難しい問題です。

　どうだろう、他人で助けるかなぁ。

子ども　助けるよう。

大瀬　助けないという方も……。

　どうだろう。

ゆりえ　でも、今はそういう状況になってないから。

子ども　でも自分が１３９センチってわかってたから。

大瀬　校長先生もあなたとおんなじ。

子ども　噴火した状況になれないから、わからない。

大瀬　助けたいけども、その場になってないから、想像もつきません。それでも、それはなぜかというと、他人でも助けますかって聞かれたら、私はわからないとしか言いようがない。でも、私のお母さんだったらどうだったか。そういうふうに考えたいんですよ。

とおる　おれなら助けない！

子ども　えっ？　おれなら助けるよ。

大瀬　ね、ほら。他人でも助けなきゃいけないという考えは、私はありません。

子ども　どんな人でも。

大瀬　どんな人でも。ただし、状況はわからない。でも、こちら側に立って、違う立場になって、自分だったらというときに、逆の考えよ。親だったら助けるかな。どうでしょう。

子ども　助ける。

子ども　親は助ける。

大瀬　もうちょっと考えたい。自分が親だったら、じゃ、どうするか。自分が親だったら、何と言うだろうかって考えたの。

　で、さっきも言ってくれた、あれを言ってもらいたいわけ。私が親だったら、何と言うだろうかなと考えたら、同じことを言ってる、最初に。

ともなり　私はいいから、先に行って。

大瀬　私はいいから、あんた、先に逃げなさいと言うんじゃないかな。

子ども　言う。

大瀬　言うかもしれないね。

ゆい　今はなんともわからないから、時間がたたないと。

子ども　10年くらい……。

大瀬　はい、最後まとめて。立って。最後まとめてくれる。

ゆい　なんか、やっぱり今はそういうお母さんとかの気持ちにはなれないけど、でもなんか、自分がそういうふうにお母さんに接してもらってたりするから、なんとなくはわかるんだけど、やっぱり今は確実にとは言えない。

大瀬　そういうことだろうね。

一応、この勉強は終わり。

はい、終わります。

違う話になりますが、実は残った93名の人たちは、ここに私たちの兄弟、姉妹、親、家族が埋まってますというので、ここの上には家を建てなかったのです。少しずらしました。そうして新しくここに、ここを逃げないで、ここから離れないでくらし始めます。

そのときに、新しい家族をつくっていくのです。どういうふうな方法でつくったと思います?

子ども　ほかの村から引っ張ってきた。

大瀬　それはやらなかったの。それはやらなかった。

子ども　その93人からつくったんですか。

大瀬　なかには、自分のだんなさんを亡くした女の人、逆にお嫁さんを亡くした男の人、その人を、残った村の何人か、ま、お偉い人でしょうね。数人の人が自分たちの鎌原村をなくしちゃいけないというので、じゃ、あなたとあなた、

あなたとあなた、１人だけ残った子ども、あなたはここのうちの子というふうに決めて、村づくりを始めたんだそうです。だから、今までとまったく違った家族をつくったんです。これについて、どう思うかなということを聞いてみたいな。これは、また別のときに聞いていきます。

じゃあ、さっきの授業のときに、わからない。それはそういう状況になってないということもあるけれども、自分に子どもがいないということもあります。家族をまだ、自分の新しい家族をつくったわけじゃない。わからないかもしれない。でも、みんな気持ちがほっとしたのは、自分が助けるほうで、Ａの人がお母さんだったらどうすると言ったら、ほとんどの人が助けると言ってくれたでしょう。やっぱり家族なんだよね。家族だからでしょう。

家族でなくても、助けるよ、だれでも助けるよって言ってくれた人、これもすばらしい。これもほっとします。うれしい。家族じゃないから助けないと言わない。

じゃあ、家族って、何かなと思って。

家族を亡くした人たちが、また人が決めた夫婦、人が決めた親子という関係をつくって、新しい鎌原村をつくり始めて、それが今も続いているわけです。そこに人が住んでいるわけですから。ずうっと子孫がつながってきたわけ。そうすると、家族って何かなということを、私は非常に考えてしまう。

新しくできたときの鎌原村について、またいっしょにお勉強できるといいなと思います。なんかこうだっていうことを決めようという授業ではないのですけれど、そういう自分の家族ということを考える、ちょっとなにかのヒントになればいいかなと思いました。

はい、長い時間おつき合いくださって、ありがとうございました。

子ども全員　ありがとうございました。

第四章「つくられた新しい家族」

4年

大瀬　校長先生がみんなといっしょにお勉強したの、覚えてる？

子どもたち　覚えてる。なんとか山とかいう。

大瀬　浅間山の授業。今日は、2時間めはその復習だから、思い出してくれればいい。そんなに難しいことではない。

たかし　夏休みに浅間山、行った。

大瀬　行った？　あそこ行ったの。

たかし　というか、近くに行った。

大瀬　軽井沢かどこか？

たかし　北軽井沢の嬬恋村っていうところ。

大瀬　じゃ、そこじゃない。嬬恋村だもん、あれ。すごいね。じゃ、ちょっと時間があるから、写真見ながらさ、どんなお勉強したのかなっていうの、思い出してくれる？

ともや　何か、地震だった、たしか。

子ども　火山が爆発した。

大瀬　地震だったっけ。

子ども　火山が。

大瀬　地震もあったんだ。

子ども　おばあちゃんの頭蓋骨が見えてる。

子ども　火山だったっけ。

子ども　火山の溶岩が襲いかかってきて。

大瀬　溶岩だったっけ。

子ども　濁流。

子ども　土に埋められて、道路。

大瀬　だんだん思い出してきたよね。

こうた　階段、半分ね、土で埋まっちゃったの。

逃げられなかった。

大瀬　今、言ったこと、階段の話……。

こうた　2段めに頭があって、この1段めのところに……。

大瀬　そうだったよね。みんな、覚えてるかどうか。2段めが。

まこと　こっちがおばあちゃんか、こっちがおばあちゃんか、どっちだと思う？

子ども　もしさ、そうだとしたら、負ぶわれてた人は……。

大瀬　だんだん思い出してきた。

まこと　おれ、おばあちゃん、こっちだと思う。

子ども　負ぶわれてたほう。

まこと　こっちが、だから、負ぶってた人で、上から、だから、被さってるような感じ。

大瀬　上になると。

まこと　こうやってたから、肉がないからさ、中の人が見えるだけで。こうやって、負ぶってるとこ、ばんとぶつけたんじゃないの？

ともや　何かさ、火が迫ってくるという感じで、若い人がおばあちゃんを守ろうとしてそういうような話。

大瀬　溶岩じゃなかったね。

子ども　土。

子ども　溶岩じゃない。

大瀬　土とか、石とか、岩とか、火山灰とかね。溶岩だったら溶けてしまうから。

子ども　骨が残らないよ。

大瀬　そうそう、そうだよね。

子ども　骨も溶けてしまう。

大瀬　髪の毛が残ってたって言ったでしょう。思い出した？

子どもたち　ああ。

大瀬　それからみんなの机の下についてるような、防災ずきんみたいなのが残ってた。燃えてないんです。だから焼け死んだんじゃない。土とかに埋まっちゃった。

だからね、溶岩よりも。

子ども　土のほうが？
大瀬　うん。土と石と書いて、土石なだれっていうんです。なだれってわかりますか？
子どもたち　知ってる。知ってる。
子ども　雪がだーっ。
大瀬　雪がいっぺんにだーって来るんだよね。埋まっちゃったら死んじゃうでしょう。
子ども　土と一緒。
大瀬　そうそう。そういうこと。雪のかわりに、石とか土が来たっていうこと。速いときはね、時速１００キロぐらいだったって言ったんだけど、思い出しましたか？　車のスピードは50キロから１００キロぐらい。だから、ちょっと人間が走ったぐらいでは、もうだめだったんだね。
子ども　埋まっちゃう。
子ども　でも、その時代、車ないし。
大瀬　そうそうそう。駆けても間に合わなかったんだ。まして、おんぶしてるわけでしょう。なんでおんぶしてたんだっけ？
子どもたち　おばあちゃんが……。
大瀬　おばあちゃんが、どうだった？
　おばあちゃんの骨を調べたら、どこか悪くなかったっけ……。
子ども　足？
大瀬　足がちょっと悪かったんだよね。それから腰が曲がってたというのが、わかった。
子ども　若い人だけだったら逃げられたかもしれない。
大瀬　うん、そうだね。若い人だったら、駆け上がったかもしれないね。
まこと　前、何か、置いてくか、置いてかないかとか、そんな話。
子ども　そういうの、やった、やった。
大瀬　そこを思い出してもらいたいんだ。
ともや　何か、おばあちゃん、他人の人のことを助けようとして、負ぶったときに……。
こうた　自分だけ逃げないで、人を助けて。
大瀬　だんだん思い出してきたね。ちょっと、じゃ、その前にね、もう1回、さっき言ってくれた浅間山っていうのが噴火したときに亡くなった２人。でも、この２人だけじゃないんですよね。亡くなった方、たくさんいるんです。

子ども　何百人。

大瀬　うん、何百人。この鎌原村という村に約１００軒のおうちがあって、６００人ぐらいの人が住んでたのです。で、４７７名の人が亡くなった。

子ども　93名生き残った。

大瀬　そう。それで、みんなに、そのときに見せたのが。

子ども　ああ、あった、あった。

子どもたち　ああ。ああ。

大瀬　ここに駆け上った人が助かった。この2人は、ちょうどここの階段の1段めと2段めのところに来たところで、後ろから土が押し寄せてきたんだろうというところまで。で、今どんな様子かなっていうので、この写真も見せたでしょう。

子ども　ああ、あった、あった。

つかさ　神社で、たしか登ったところの神社みたいなの。

大瀬　お寺さん。

つかさ　そうそう。

子どもたち　ああ。

大瀬　ちょうどここの、おじさんが覗いてるでしょう、ここまで来た。

まこと　この下が階段だよ。

大瀬　ここが15段あって、あと35段掘り出したの。そしたら、1段めのところと2段めのところに、このお二人の遺骨があったというお話。前の授業のときに、お話しなかったんですけれども、この爆発は突然に来たのでしょうか。

まこと　宿題って言ったんだよ。

子ども　……。突然来てたら、ほとんどの人が逃げられないよ。

大瀬　ねえ。

たかし　だから何か予兆があった。

大瀬　いいこと言う。難しい言葉、言ってくれたね。もう1回言ってくれる？

たかし　たぶん、急に来たら、ほとんどの人が生きていけないから、予兆があったと思う。

大瀬　予兆って、わかりますか。

子ども　予知。

大瀬　ああ、予知とも言うけれども……。

たかし　その前に何か、地震だったかな。

大瀬　そうそう。

子ども　ちょっとずつ揺れて。

ともや　地震が来るから、あそこに逃げようということになって。

子ども　和尚さん、絶対、命助かるじゃん。

大瀬　そうそうそう。予兆があった。要するに、こういうこと。前から小さい地震がたくさんあったり、浅間山って、いつも噴火しているんです。だれだっけ、噴火してたでしょ。見えた？

たかし　ちょっと見えた。

大瀬　煙がいつも出てるの。

たかし　たぶん、浅間山の火山かわかんないけどね、溶岩かわかんないけど、鬼押し出しのところにマグマがいっぱい固まっていた。

大瀬　そこ、そこ。だから、小さい爆発はいつも起きてるわけ。で、火山灰が少しずつ降ってきたり、地震が起きたり、突然どかんと来たんじゃないんだ。そこをちょっと読んでみるね。どういう様子だったのかというのを、ちょっと読んでみます。ちょうど今から２２０年前なんです。天明3年、江戸時代です。春4月から鳴動が始まった。地震です。音がしたりね、小さい地震とか大きい地震が4月から始まった。この鎌原村の近くのお寺さんのご住職が日記を書いているの。その日記をちょっと読んでみますね。

　天明3年、4月8日、浅間の焼き出し――噴火が始まった。煙は四方を被い、大地は鳴り響き、地震のようである、とこのご住職、お坊様は書いています。

　その後しばらく小康が続いたが、しばらくは、大したことなかった。６月に入ると、山が爆発、震動がいよいよ激しくなり、人々は身の毛もよだって、見る者汗を流し、魂が抜けたようになった。そして６月29日の昼には、またまた大爆発。北関東一円に軽石や火山灰を降らせ、江戸でも灰が降った。東京まで灰が降った。

　爆発、噴煙、地鳴りは日ごとにひどくなり、７月５日からは、この世の終わりかと思われる大鳴動が続き、地鳴りとか地震の音がしてきた。追分け、これ地名です、の方面では、６日朝から老人、子どもを岩佐村、小諸などの親戚へ疎開させる騒ぎになった。お年寄りとか子どもを、そういう近くの町とか村に避難させた。住民たちは神棚へお灯明を上げ、寝る者もなく祈り明かした。戸、障子は音を立てて外れ、地震だね、あるいは鳴動、山が揺れるありさまだ。７月７日は日中、噴火活動も一服したかに見えたが、住民たちがほっとする間もなく、夕方から、これまでにも増して激しい噴火となった。沓掛地方の人々は、薄縁、布団、戸板などを頭にのせて、皆、我先に逃げ出した。火山灰とか石とか降ってくるでしょう。だから、戸板とかね、障子とかをここにのっけて、逃げ出してしまった。

　この本には書いてないんですけどね、だんだん火山灰とかで暗くなってしまう。もう日が照らないわけ。

子ども　ああ、そうだ。煙とか。

大瀬　煙とか。食べるもの、作物も全滅して、そういう状態だった。

　そして７月の８日、午前11時、大爆発が起きる。だから突然来たわけじゃない。先ほど、このお二人、これは下のほうの、若い人のほう。これがお年寄りのほう、上。

子ども　おれが言ったとおりだ。

大瀬　上の人、女の人で、身長が１４５センチぐらい。60歳ぐらい。腰が少し曲がっていました。頭の毛が、ちょっと白髪が交じる。綿入れ頭巾を被っていた。ここまでわかっています。下の人。やっぱり女性だった。身長が１３９センチぐらい。40歳ぐらい。少し白髪交じり。後ろ髪の毛を結わいていたそうです。こういうふうに。そこまでわかったんです。髪の毛が残っていました。こういうふうに髪の毛を結わいていた。

それで、一番大事なところを思い出してもらいたいんですけれども、このＡの人と、Ｂの女性、どんな関係だったでしょうと聞いたんだよね。いろんなこと、言ってくれました。思い出した？　それは、どうしてそういうふうに考えたんですかというのが大事なところだった。

子ども　先生が、自分だったら、そういう人がいたら助けるか、助けないかって聞いた。

大瀬　言いましたね。さあ、自分はどういうふうにあのときに考えたか。ちょっと思い出してみようか。あのときみんなで言ってくれたのはね、このお二人は他人だよと。関係ない。

まこと　赤の他人。

大瀬　たまたまＢの人が逃げようとしたら、途中にお婆さんが、足が悪くて、腰が曲がって、歩いていたから、背負って逃げようとしたんじゃないかと言ってくれた。それは違うと。何だったっけ、この人は。

子ども　赤の他人。

大瀬　他人ではなくて。

子ども　家族。

大瀬　家族でも、この人とこの人はどういう関係だと言ってくれた？　他人だったら助けないよと言ってくれた人、いたじゃない。何って言った？

たかし　他人だったら、自分が助かればいいから、助けないって思った。

大瀬　だからどういう関係だ。

たかし　家族とか。知り合いとか。そんな。

大瀬　家族の中でもいろいろあるでしょう。女の人、女の人。

子ども　20歳の年の差っていうのが……。

子ども　お母さんとか、あと……。

大瀬　この人がお母さんで、娘じゃないかなと言ったんだよね。

　もう一つあったでしょう。お母さんなんだけど、ほんとうの娘じゃない親子じゃないかと言った人がいたじゃない。思い出した？

子ども　義理のお母さん。

大瀬　義理のお父さん、お母さんでしょう。

子ども　Ａさんは。

大瀬　お父さんのお父さん、お母さんと一緒にくらしているうち、ありますか？　ない。ほう、珍しいね。うちはそう？　いらっしゃいました。お母さん方、そういうのなんて言うんでしたっけ。嫁と。

子ども　姑。

大瀬　姑。あ、知ってるじゃない、みんな。嫁と姑っていうんでしょう。難しい？　お父さんがいて、お母さんがいて、みんながいる。お父さんのお母さん、お父さんと、みんなのお母さんとの関係っていうのは、嫁と姑、舅。これも親子なんだよね。

まこと　血がつながってないよ。

大瀬　血はつながってないけども、親子。

まこと　お父さん、お母さんって言うんだよ。

大瀬　そうでしょう、当たり前だよ。義理のお父さん、お母さん。

　もう一回考えて。この間の授業のときにみんなが考えてくれた。このお二人はどういう関係だったのだろうか。そこが大事だったんです。

まこと　わかった。40歳の女の人がね、姑のお母さんを抱いていた。

大瀬　どうしてそう思います？

まこと　40歳の人が女だってわかったから、お父さんのお母さんなんだろうなと思った。

大瀬　この人はお嫁さんで、これが姑と。他人じゃない。

まこと　他人ではない。
大瀬　どうして。
まこと　他人だったら助けない。
大瀬　他人だったら助けない。
まこと　自分の命が……。
こうた　わかんないよ。他人でも思いやりがある人は助けるかもしれない。
ともや　心のやさしい人だったらやるかもしれない。
大瀬　心のやさしい人だったらやるかもしれない。はい。
まこと　でも、そういう危険なときは、みんな焦っちゃって、やさしいなんてもんじゃなくて、自分だけの命だけ助かればいいと思って。
大瀬　いいね。すごくいいこと言っているよ。立って言って。あのね、車のスピードと同じぐらい、後ろから襲ってきてるんですよ。危険なときなんでしょう。
まこと　走っても追いつかない。
大瀬　そうそう。
まこと　確実に。
大瀬　ここまで来てるわけだから、もうちょっと駆け上がったら、この人は助かったかもしれない。そういう危険な状態なんです。はい、どうぞ、さっき言ったこと。
まこと　なのに、いくらやさしい人でも、こういう危険なときは、自分の命さえそれでいいなんていう気持ちになってて、ほかの人を見てる暇なんかなくて、自分が何か、こんなになって行っちゃうけど、姑とか、そういう深いかかわりがある人だったら。
大瀬　深いかかわり。深いかかわりなんだ。はい。
まこと　深いかかわりのある人だったら、自分より大事な人だから命を助けると思う。
大瀬　君がBの人で、今言ってくれたんだ。おばあさんの立場だったら、どうしますか。こうやって自分のお嫁さんが背負ってくれてるわけね。おばあさんの立場だったら、下にいるお嫁さんに対して、どんな気持ちだと思う？　どんなことを言ったと思う？

たかし　ああ、それ3年生のとき……。

大瀬　やったね。思い出した？　おばあさん、おばあさん。

まこと　ありがとうって言う。

大瀬　ありがとう。

たかし　ちがう！　3年生のとき、それじゃなかった。

子ども　おんぶしてもらわなければ、自分の命が確実に……。

大瀬　自分の命は確実に終わりそうなんです。そのときに、なんと言っただろうか。

たかし　先に逃げてって言ったと思う。それが3年生のとき、出たような気がする。

大瀬　出たような気がする。

たかし　だれかが言ったもん。

しょうた……（つぶやくように）

大瀬　おばあさんの気持ちになってごらん。

子ども　しょうたが言ったんだ……（つぶやくように）

たかし　ともやかだれかが言ったような気がする。

子ども　しょうたが言ったんだよ。

大瀬　最後のほうで言ったじゃん。

子ども　だれかが言ってたから。

大瀬　3回ぐらい。

子ども　あっ！　しょうた！

子ども　わかった。私のことはいいから先に逃げてください。

大瀬　言ったんじゃないかって言ったよね。

子ども　しょうたが言ったんだ！

（1年前の授業のとき、今はもう転校していった友だちの発言を思い出している）

大瀬　おばあさんなんだよね。腰が悪いです。足も悪いです。1人ではおそらく逃げられない。お嫁さんだとして、あるいはほんとうの娘かもしれない。これはわからないんです。あるいは、きょうだいかもしれない。

　きょうだいかもしれないのですけれども、そういうこと言ってくれたんですよ。私はもういいから、あなた1人だったら助かるかもしれないでしょう。先に逃げなさい。もう1回、それを反対に考えていけば、だから（手をたたく）、この2人は他人じゃなくて……。

まこと　深いかかわりがある。

子ども　関係がある。

大瀬　何か関係があるんじゃないかということを言ってくれた。でも、いや、他人でもやるよと言った人もいますよ。他人でも助けなきゃいけないから、これは他人だと思います。それは、わからないからね。

たかし　他人でも、知っている人なら助けるけど、知らない人だったらね、自分も逃げる。

大瀬　全然知らない人だったら逃げる。

子ども　人の命なんて、どうでもいいなんて気持ちになる……。

大瀬　そこで終わったんです、この間。わからないから。

　実はこのお話には続きがありまして、その続きのお勉強をするために、森田先生、この間、行ってきたんです、鎌原へ。9月6日、土曜日にね、朝早く起きて……。

子ども　知ってる。

子ども　よかったね、先生、噴火が起こらなくて。

大瀬　校長先生、体調悪くなって行けなかった。だから代わりに行ってくれたんです。

　そのお勉強を3時間めで…、3時間めの最初のほうだけ先生が。その後は、森田先生がやります。さあ、どんなお話が残っているんでしょう。

　家が約１００軒ありました。４７７名の人が亡くなったんです。その中でも鎌原村の人。

子ども　駆け上がった人、運がいい人。

大瀬　ここに。駆け上がった人。

こうた　駆け上がった人93。

大瀬　93名。

まこと　その93名、今、生きてる？

子ども　生きてるわけないじゃん。

たかし　でも、その人の孫とかなら、いるよ。たぶん……

大瀬　亡くなっていました。

子ども　孫とかも？

大瀬　すごいこと、聞いてきたんだ。93名の人に会うことはできなかった。森田先生、だれに会いましたか。

森田　祖先じゃなくて、子孫の人。

子ども　孫？

森田　実際、会ってきました。

子ども　どんな人だった？

大瀬　すごい大事なこと、言ったんだよ。

子ども　子孫。

子ども　子孫ってどんな人だった。

大瀬　子孫ってわかりますか？

子ども　うん、わかる。

大瀬　子孫の人に会ってきたの。

子ども　どんな人だった、顔が死にそう。

子ども　その時代に生きてたの？

子ども　お茶とかいっぱい飲んでる。

森田　あのね。どんな人って……。

子ども　ＤＮＡ鑑定、した？

森田　職業はね、何年か前に校長先生をしていた。

子ども　校長先生？

森田　今は鎌原区っていうところなんだけど、そこの区長さん。

まこと　このところで言えば市長さん。

森田　そうそう。茅ヶ崎市で言うと市長さん。

子ども　区長さん。

森田　会ってきました。

大瀬　93人の生き残った人たち。鎌原の観音堂に駆け上がって生き残った人が93人いました。

93人の子孫の方に、森田先生、会ってきた。

子ども　すげえ。

子ども　子孫全部？

大瀬　全員じゃない。全員じゃない。

　ここから、三時間目をスタートさせたいと思います。はい、ちょっとお休みします。

※

大瀬　じゃ、始めます。

　鎌原の観音堂に駆け上がって助かった人、93人いらっしゃいます。この人たちの話をしていきたい。先ほど、森田先生がこの子孫の方にお会いして、校長先生もずっと気になって、それは何かな、93人の方々が、その後どうなったのかなというのが。93人の方ね、どうなったんだろう、その後。

子ども　町は土で埋まっちゃったね。

大瀬　ここが昔の道路です。5メートルあるんです。

子ども　ここから天井くらい？

大瀬　もうちょっとだね。だからここの地面からこれぐらいかな、ちょうど2階の天井ぐらいまでが埋まっちゃったわけ。どうしたと思います、生き残った93人は……。

まこと　食料とかないから、死んじゃったんじゃないの。

大瀬　食べ物がなくて困ったでしょうね。

まこと　水も何もない。

大瀬　そうそう、水もない。

まこと　でも、その間に死んじゃった人もいるかもしれない。

大瀬　ここに住むのはいやだと。

子ども　そう。

大瀬　どうしていやなの？

子ども　食料もないし、火山、また襲ってくるかもしれない。

大瀬　だからほかの村に移っちゃった。かもしれない。

まこと　でも、その移る間に死んじゃった人も。

食料も何もないし。

大瀬　93人、その後、どうなっちゃったか。

　自分たちで家を――。

ともや　作り直した。

大瀬　作り直した。

まこと　汗水垂らすと、水分とか、逃げちゃうよ。食料がなくて……。

大瀬　まず食べ物。

まこと　まず食べ物とか、水とか、補給しないとだめだよ。

ひでき　2週間ぐらい。

大瀬　おうちは？

子ども　クレーン車とかない。

大瀬　昔のところにつくったと思いますか？

子ども　？？？

大瀬　土石なだれがだっと来たわけですよね。5メートル積もっている。ここに、ここの鎌原の観音堂に駆け上がった93名、助かりました。水はどうしたんだろう、食べ物はどうしたんだろう。全員が死んだわけじゃない。その証拠に、この子孫の方々にお会いしてきた。方々じゃない、お一人だけですけれどね。

森田　いっぱいいる。

大瀬　いっぱいいるんですよ、まだ。確かに生き残っているじゃない。

まこと　また子孫残して、2人とか産んで、だんだん増えていく。

大瀬　そうそうそう。

まこと　また新たに町ができる。

大瀬　そうそう。うちをつくったんじゃないかって言ってたんだね。それはここの上につくったと思う？　5メートルの上に。

ともや　その土を平らにして、何か月か、土が固くなるのを待って。飲み物なんかは川の水があるから……。

子ども　川、ないよ。

子ども　川は土で埋まっちゃったんでしょ。

子ども　そうだよ。川も埋まっちゃうでしょう。

まこと　しかも泥水になってるし。
たかし　あったとしても火山灰で汚い。
大瀬　だろうね。
子ども　水分というか、体が悪い。
まこと　この状況でくらすのは厳しい。
大瀬　何が一番大事だったと思いますか？　93名の人にとって。
子ども　水分。
大瀬　まず水だろうね。それから？
子どもたち　食料。
大瀬　食べ物。
子ども　命。
大瀬　それから。
子ども　自分の命。
大瀬　もちろん一番は命が大事だよね。93人の人は生き残りました。まず大事だったのが水じゃないか。それから2番めは食べ物。その次は――。
子ども　家。
大瀬　家。
ともや　家の木材とかなくて、また新しく使って、93人分の……。
大瀬　ちょっと待ってね。よくわからなかったから、もう1回言ってくれる？
ともや　5メートルの土を何日かかけて掘って、１００軒の中の何軒かを探して、93人の人の家とかをつくった、その木材で。
大瀬　もともとあったところまで、ずっと掘って、木材を探して。
ともや　家をつくった、もう1回。
まこと　シャベルとかそういうものないんだよ。手で掘ったらきりがないから、その時点で命がなくなってるよ！
大瀬　じゃあ、君の場合は？
どこに家をつくったんだと思う？
まこと　お寺のほう。
大瀬　じゃ、一つだけ聞いていい？　その家をつくった場所というのは、ここに土石なだれが来てますよね、埋まっちゃった、5メートルの土で。その上につくった？

ともや　木材を集めて……。

大瀬　また埋めてこの場所につくった？

ともや　集めた木材で、家とか……。

大瀬　その上に。じゃ、ほかのところに移らなかったんだ。引っ越さなかった？

　ここの真上じゃなくて、少し動かした。

ともや　そこは危ないから……。

大瀬　ああ、また、来るかもしれないから、少し動かしたかもしれない。

まこと　でもさ、浅間山、噴火したとき、少しずらしたって届くよ、そんなところ。

大瀬　うん、同じだ。もう遠くに行っちゃった。

まこと　遠くに行っても、届いちゃうと思うよ。水も食料もないから、そんなに遠くに行けないし。だから噴火して、火山灰とか土石とかも埋まっちゃうんだよ。

大瀬　わかった、わかった。それ以上に、さっきものすごく大事なことをちらっと言ったんだけど、家族がどったらこったらって言わなかった？　そこのところがわからないんだけども。ちょっと説明してくれる？

ともや　93人の中の家族があったら、つくった家のところに、まとめて住まわせちゃえば……。

大瀬　家族は家族で住んだ。93人の中の。

子ども　被害を受けてないところに行けばいい。

まこと　それまで行くのに食料が足らないっていうの。

大瀬　答え。それが答え。

子ども　それが答えだって!?

子ども　その村で。

大瀬　お水と食べ物。ほかのところから送ってもらったんです。だってないんだもん。

子ども　どうやって？

まこと　手紙か。

子ども　手紙でも、紙でもないよ。

子ども　もらいに行ったんだよ、そのとき。

大瀬　何？。
子ども　もらいに行った。
大瀬　もらいに行ったのもあります。
子ども　昔、ポットとかあるの？
子ども　ないよ。
子ども　あるわけないか。
子ども　ああ、馬、生き残ってるんだ。
子ども　馬だって死んじゃってるよ。
ともや　残った馬に何人かの人が乗って、被害を受けてない村に行って、食料をもらってきた。
大瀬　運んだんだよね。それはあったと思う。一つね、ちょっと違うところは、これは、先生、言っておきますね。２２０年、ここを掘ったのは、２００年たってはじめてなんです。5メートルあるんです、この地面からここぐらいまで土が来てるわけ、全体に。1階の地面からこれぐらい。ブルドーザーもないんだよ、掘れない。だから木材は、そこからとってきたんじゃない。
　そのときの様子を書いた文章があるんですよ。ちょっと読んでみるね。そこに今の答えがいっぱい入っている。

　鎌原村がたいへんなときに困っている人たちを助けた人たちのこと。根岸鎮衛っていう人が書いた。その本の名前がね、『耳袋』っていう本。２２０年前に書かれた本を今の言葉に直したものです。読みますね。ちょっと長いけど、全部読んだらね、今の答えが出てくるから。

　今の群馬県吾妻郡嬬恋村鎌原は浅間山の北側にある村ですが、浅間山が噴火したとき、泥火石——これはさっき言った土石なだれのこと——が押し出された先端の場所でした。そのとき、村人は３００人ほど——５７０人とも——でありましたが、約６００人と言ったでしょう、正確にはわからないんです。わずか男女、子ども合わせて93人しか生き残らず、あとはみんな泥火石に流されてしまいました。このため、生き残った人たちも、この先どうしてよいのやらと困り果てていたところ、隣の大笹村一番の大金持ちである長左衛門さん、干俣村の小兵衛さん、大戸村の安左衛門さんという心やさしく思いやりのある人たちが、自分たちのところへ呼び寄せて――自分の村に呼び寄せて――鎌原の人たちにお世話をしました。そして少し落ちついたころ、鎌原の被害のあった場所に新しい家を2軒建てて、麦やアワ、ヒエなどを少しずつ送り続け、人々を助けているうちに、幕府のお役人さんたちも知るところとなり、幕府からも食料を送ってきたそうです。だから最初、埋まったところの上に2軒、家を建てた。そこに93人は住んでいたんだそうです。

子ども　結構でかい家?。

大瀬　だろうね、93人全員で住むんだからね。しかし、このような予想すらできないことが起こってしまったので、生き残った93名は、みんな一つのほんとうの親戚と思うのですよ――わかる?　93人生き残った人たちは、みんなが一つの家族と思うんですよ、親戚と思うんですよと、生き残った93人に話して、約束してもらいました。

　ここまでわかった?　はい、おうちはどこにつくった?

ともや　埋まったところの上に。

大瀬　上に。食べ物はどうした?

子ども　もらってきた。

大瀬　隣の村のお金持ちの人が送ってくれた。3人の庄屋さんです。村長さん。そこまでわかりました。で、生き残った93人はみんな親戚だと思うんですよ、そういうことをお話してたんだそうです。

　それから、もっと大事なことは、ここからだ。読むよ。

　その後、新しい家が建ち始めても、3人の人たち、隣村の3人の村長さんからは食べ物をもらいながら、生き残った93名の中で、旦那さんを亡くした女の人には、奥さんを亡くした男の人を合わせ、子どもを亡くした大人には、親を失った子どもを育てるように話し、全員を組み合わせたそうです。意味がわかりますか？

子ども　わかる。

子ども　すごい組み合わせだね。

子ども　全員親戚だから、いいんじゃない。

大瀬　親戚と思いなさいと言ったの。

たかし　思えというだけだから、ほんとうの親戚じゃない。

大瀬　もともとね。

ともや　ほんとの親戚だったら、くらしやすい。

まこと　最初のほうは、くらし慣れてないんじゃない。

大瀬　ちょっとわかりづらいと思うから、模型をつくったの。ちょっと見てもらいたいと思う。

この□は男。○が女。赤い色は子どもです。

子ども　青が大人？

大瀬　大人です。こちらが。

黄色は？

子ども　年寄り。

大瀬　そうそう。お年寄り、おじいちゃん。

子ども　おばあちゃん。

大瀬　というふうに覚えて。今まで、例えばこういう家族がありました。子どもが？

子ども　２人。

大瀬　２人。お母さん、お父さん、おじいちゃん、５人家族。

女の子が？

子ども　２人。

大瀬　お母さん、お父さん。おばあちゃん。

幸せに暮らしてました。

さあ、土石なだれがやってきました。

５メートル。ですけれども、93人生き残ったんですよ。駆け上がって。

こういうふうに93人が生き残ったんですけれども、先ほど、生き残った家族で、家の中、入ったんじゃないかとお話しましたでしょう。それが違ったんですよ。そうじゃなかった。

子ども　違う家族だけでさ。

大瀬　家族で生き残った家は、1軒もなかったんです。

子ども　うそ！

大瀬　ばらばらだった。それが93人。

うん。93人、ばらばらなの。この家からは子ども、この家からはお父さん、この家からはお母さん、この家からはおばあちゃんというふうに、一つの家族で生き残った家はなかった。93人の家族。2軒のお家が建ちました。

その次に、隣村の3人の村長さんたちがお金を出し合って12軒のお家を建てたんです。こういうお家。これは、昔、家があったところの5メートル上。全部同じ大きさです。この家が大きいとか、この家が小さいとか、この家は豪華だとか、この家はみすぼらしいとか、そういうのはなかったそうです。全部同じように12軒建てました。この12軒の家に、いいですか、12軒、お家が建ちました。この93人の人たち、これが12軒のお家だと思ってください。見えますか。埋まった地面の一番上。真ん中に川が流れてます。

93人。この12軒の家にどうやって入ったでしょうか。

子ども　さっき言ったように……。

子ども　組み合わせて入った。

ともや　93人、子どもがいないところは子どもを入れて、お父さんと、お母さんと……。両方とも子どもとかいなくて、両方ともいなければ……。

大瀬　これから、森田先生の授業、中心になります。

森田　もう1回言ってくれる？

ともや　だから、男の人と女の人でして、お父さん、お母さんがいない子どもはして、一つ組み合わせて、おばあちゃん、おじいちゃん、次に、同じように、お父さん、お母さん、子どもがいないところに……。

森田　ともや君がはじめに言ってくれたのは、もう1回言ってくれる？

子ども　お父さんかお母さんが、どっかがいない、両方とも、どっちかが、例えば、お父さんしかいなくて、子どもとお母さんがいなくて、お父さんとお母さんをつくって、そのお父さんとお母さん、別の子どもとお母さん……とかは関係なく……。

子ども　それ、ばあちゃんだ。

ともや　ここかもしれない。

森田　それで。

ともや　それで、ちゃんと入るようにするかどうかわからないけど、どこかたぶん、おばあちゃん、おじいちゃん、入ってないと思うから、おばあちゃん中に入れて、別に子どもしかいなかったら、大人の。

子ども　子どもじゃん。

子ども　子ども……。

森田　子ども1人だったら？

ともや　子ども1人しかいなかったら、その子がやりたいと思う、だから、男の子に入れて、お父さんもいて、お母さん。

子ども　お母さんいないよ。

子ども　おばあちゃんがいる。

子ども　おばあさん……。

森田　お母さん。

ともや　あと、おばあちゃん。次のグループは、お母さんと思うから、お母さんがいたら、ここのお父さん、お父さん、いないね。

子ども　現実はそんな簡単に……。

ともや　お母さんとかが必要だから、お母さん、ここに入れて、その2人が、娘が、ここにいるって言ったら、ここに入れて。

まこと　女の子ども……。

森田　入れて。

ともや　子どもが、おばあちゃんが要るって言えば、おじいちゃん、おばあちゃん、どっちかがいい？

子ども　……すごいな。

子ども　1人余った。

子ども　それで……。

森田　12軒。

子ども　子どもが1人余った。

森田　じゃ、子ども。

子ども　一人暮らし。

ともや　どこか足らないと思うから、家族で入り込めなかった子は？

子ども　じゃ、1番めのところに。

子ども　入れられた。

子ども　そこ。

子ども　してあげなよ。

子ども　1番前のうちに……。

子ども　お父さん、お母さん。

子ども　おばあちゃんいるから。

子ども　そうしたら、じいちゃん入れてやったほうが……。

森田　じいちゃん入れたほうが…。どういうふうにつくっていきました？

ともや　家族のように。

森田　家族のようにして。

大瀬　ように。

ともや　家族のように……。

大瀬　いい、その言葉、大事なんだよね。家族の「ように」したの。家族じゃない。

ともや　家族として……。

大瀬　家族としてやったの。

ともや　家族のように助け合ったり、今まで自分がやってきた、家族みたいにしてやってきたことを、こうやって……。

大瀬　うーん。

子ども　それ、恐い。

ともや　なれるまで家族のように、家族だと思って、思い込みながら。

なれたら、やっぱり家族に溶け込んだというか、これがやっぱり家族だなと思うようになってきたようになると……。

まこと　いかないと思うよ。

例えば家族が、ほんとの家族じゃないわけじゃん。だから、なれるかどうかもわからないわけじゃん。だから、だから、みんながなれなかったら、席替えみたいに交代する。

子ども　席替えかよ。

子ども　どうかなぁ。

まこと　くらしがえ、みたいな。

森田　席替えみたいに。

子ども　席替えなんて……。

子ども　あったらいいんじゃないの。

子ども　強制的にやらなきゃいけないのかよ。

森田　例えばともや君が家族をつくって、ある人がつくってくれて、もし合わなかったら、席替えみたいに。

子ども　強制的に……。

子ども　くらしがえ。

森田　強制的に。

ともや　一軒がなれると、ほかの全部がなれちゃったらどうするんだと思う？　とかいって、一戸の家が。でも、せっかく仲よくなれたのに強制的に……。

森田　また変える。

こうた　いい家もあるのに、めちゃくちゃになっちゃうじゃない。

（間があく）

大瀬　今、強制的にって言ったでしょう。この12軒のお家に、93人の、そこに書いてある、「旦那さんを亡くした女の人には、奥さんを亡くした男の人を合わせ、子どもを亡くした大人には、親を失った子どもを育てるように話し、全員を組み合わせたそうです」。だれがやったの、だれが組み合わせたの？

子ども　偉い人。

まこと　もう、決めちゃったのか。

大瀬　そう。

子ども　決めちゃったから、強制的に……。

大瀬　強制的なんだ。３人の村長さんがやった。

ともや　強制的に言って、どんどんなれてくれば……。

子ども　やってれば、なれるんでしょうね。

大瀬　言ったように。

　組替えみたいに変えたと思う？　途中で、うまくいかなくなって変えたと思う？

子ども　ううん。

大瀬　そしたら。

こうた　うまくいっている家もあるんだから、また家族をかえたらもとにもどっちゃう……。

子ども　じゃ、うまくやってないところと、うまくやってないところを変えればいい。

大瀬　うまくやってないところと、うまくやってないところを変える。そんなこと、やったと思います？

子ども　やらない。

大瀬　どうだろう。

まこと　ないと思う。

大瀬　なかったと思う。

　最後の質問。12軒の家族、お家、12軒のお家、幸せだったでしょうか。

子ども　幸せだったの？　そうは思えない。

大瀬　それを聞きたいの。

まこと　幸せじゃないと思う。

　だけど、まだ夫とかを亡くしたあれだよ。

子ども　かわいそう。

まこと　夫とかを亡くしたら、さみしい。

ともや　家族になったところは、ちょっと苦しいかもしれないけど、その人が、あと、死んだお父さんとか、お母さんとか、子どもが、たぶん、悩んでたと思う。

大瀬　森田先生、赤い女の子と、□の男の子をちょっと持ってくれる。あれがね、君だよ、君、あなただよ、あなた。あのどっちか。

子ども　同じ人が何人もいる。

大瀬　どうだったろう。元に戻してくれますか。近くの人、話し合ってごらん、もし話し合えたら。

（話し合い）

子ども　ほんとのお母さんだったら……。

子ども　自分以外全員とか……。今の家族より前の家族のほうがよかった、血もつながって。

まこと　今の家族より、血のつながった、今の家族は血がつながってないでしょう。

森田　今の家族より、前の家族のほうがよかった。なぜかというと、前の家族は血がつながってたから。

まこと　つながってない。

こうた　たぶうんさ、生きてるだけで幸せだし、そんな、うまくいかないから変えてくなんて贅沢なこと言えないと思う。

森田　もう1回、言ってくれる？

大瀬　いいね。

こうた　93人の人で、隣の村の3人に家とかをつくってもらって、その中で、ケンカとかして、うまくいかないからほかの人と組ませてくれって、そんな贅沢なこと言えないと思う。

大瀬　大事なこと、一つ忘れている。さっき言ったよ。生きてるだけでって。

こうた　生きてるだけ幸せだから、そんな贅沢は。

大瀬　生きてるだけで幸せだから、そんな贅沢は。

子ども　言えない。

大瀬　言わなかったんじゃないか。

子ども　言えないと思う。

森田　そこまで言えない。

子ども　言えない。

森田　偉い人だから言えない。

まこと　つくった、恩人じゃん。

子ども　そしたら、助けてくれない。助けてやんねえって。

こうた　生きているだけで幸せだから。

森田　生きてるだけで幸せだから。

大瀬　（かずやの両肩に手を乗せて…）自分だったら、どうですか。幸せですか。

かずや　（沈黙　ためらっている様子）

大瀬　自分だったらどうだと思う？

　あの人たちとくらして……。あの中に入って……、幸せ？

かずや　幸せなときもあるし、幸せじゃないときもある……

大瀬　どうして？

　そこを言ってもらいたい。

森田　よくわからない、教えてくれる。

かずや　あんまり声でないから……

大瀬　うん、私が言ってあげる。

かずや　自分だとしたら、いやだけど……

大瀬　自分だったら嫌だけど。

かずや　3人に決められたことは。

大瀬　3人に決められたことは。

かずや　いやだけど。そこでくらさないと、そのまま死んじゃうだけだから、そのままくらしたほうがいい。

大瀬　1人じゃくらしていけないんだもんね。

かずや　だから子どもでも、知らない人のことを聞いて、そこで住んでいたほうが身のため。

大瀬　うん。うん。うん。1人じゃくらしていけない。3人が決めたことなんだけども、そこでくらさないと、くらしていけなかったんじゃないか。

　どうですか、あなただったら……

ゆうこ　いやだけど、くらす

大瀬　いやだけど、くらしただろう。

どうだ？（子どもの両肩に手を伸ばしながら）

けん　（首をかしげる）

大瀬　よくわかる？

けん　（うなずく）

大瀬　知らない人だし、嫌だったんじゃないか。

森田　さきちゃんだったらどうする。幸せ？

さき　あんまり幸せじゃない。家族がいなくなっちゃったから、さみしいときもあるかもしれないから幸せじゃなかった。

森田　幸せじゃなかった？

さき　（うなずく）

森田　……家族で、さみしいときもあるかもしれないから、幸せじゃなかった。今、さきちゃんは……、ゆうじ君は？

ゆうじ　悲しい。

森田　悲しい。

ゆうじ　あと、家族とか、離れ離れになって死んでいくのが、だから、悲しい。

まこと　家族を亡くして、家族のところに行きたくて自殺したかもしれない。

森田　家族の人が恋しくて、自殺してしまった人もいるかもしれない。ひょっとしたらそうかも、そういう人もいたかもしれない。

（間があく）

もし自分だったら、幸せかな？

まこと　それは、ほんとうに幸せではない。

森田　幸せだろうけれど、ほんとの幸せではない。

まこと　だから、さっき言ってたじゃん、そんな贅沢って……。

森田　うん。

まこと　幸せかもしれないけど、ほんとの幸せ、そうじゃない。家族といっしょにくらすことが幸せ。

森田　幸せだと思うけど、ほんとの幸せじゃない。

まこと　だから、家族のところへ行きたくて、自殺してしまう……

森田　幸せなんだけど、ほんとの幸せじゃない。だから、自殺してしまう。僕は、もし死んだとしたら――。

まこと　……

森田　いっしょに、家族と生きたい。

大瀬　すっごくよくわかるという感じがします？

自分がどっちか、男の子、女の子、昔、もし自分がこうだったら、そのときの気持ち、よくわかるという人。いやだったろうな。

子ども　（何人か手を挙げる）

大瀬　いやだったろうな。ほんとに幸せだったのかね。でも10年、20年、２００年たって、その人たちの子孫が今もいらっしゃるわけ。それって、すごいことだなと思う。こういうことがあったっていうこと、おもしろいことだと思います。大変だったと思う、最初のころは……。ちょっと重い話だったけれども、たいへん考えてくれたように思います。いいですかね、森田先生は何か？

森田　僕が君たちの親だったら、がんばってって生きてほしいなと思います。

大瀬　今の話、わかった？　森田先生は、女の子、男の子、どっちかの、もし親だったら、亡くなってるかもしれない。でも元気に生きていってもらいたいなと思う。

終わります。

森田　ありがとうございました。

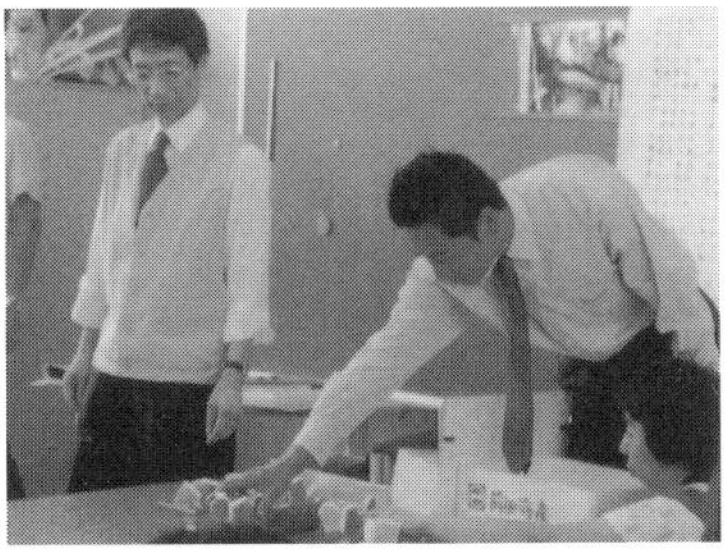

エピローグ

「いのちの授業」は、「答を求める授業」ではなく、自分だったらどうするかを自分なりに考えさせる授業である。そのためには、そのような授業ができるような題材を選び、教材化することが何よりも求められる。しかし、低学年から高学年まで共通する授業の素材を選定し、子どもたちの発達段階に合った教材に創り上げ、すべての教科・道徳をとおして、命のつながりとか重さ、そしてもろさについて学ぶことを用意することは非常に難しいのである。

　私の行っている「いのちの授業」は、私自身ががん患者であり、死が近いかもしれないということを子どもたちも知っている中で行っている。そういう緊迫した中での授業であるから、子どもたちの心のもち方も変わってくるのだと思う。では、そういう状況になければ「いのちの授業」はできないのか、ということになると一般性がないことになる。では、どのようにすればよいのだろうか。

　それにはまず、「いのちの授業」を行う教師自身が、どれくらい自らの命について真剣に向き合っているかということが求められる。教師自身が単に知識を伝えるのではなく、あるいはカリキュラムにあるからというのではなく、自分自身が命にどう向き合っているか。もっと言うと、よりよく生きようとしているか、というものを自分の内面にもてているかということが、何よりも求められてくると思う。

道徳の授業の題材として「心のノート」が使われる。単なる道徳の授業としての「いのちの授業」では、本当に子どもたちの心に響く授業となるのであろうか。カリキュラムにあるから、あるいは心のノートにあるから、というようないのちの授業で、子どもたちの「知的な、実践を伴わない道徳心」はある程度育つかもしれない。しかし、その中では一人ひとりの子どもたちに、いわゆる「小さな物語」は生まれることは難しく、さらに、生き方まで迫る授業はできないのではないだろうか。それは、授業以前の、教師自身が命とどう向き合っているかが問われていないからだと考える。「いのちの授業」は、子どもたちはもちろんのこと、教師自身の生き方を求めることにほかならないのである。そういう意味では、「いのちの授業は」自らの生き方に目を向けることができる教師なら、誰にでもできると、私は思っている。

〈死は成熟するための最後のチャンス〉

私が行う「いのちの授業」はいわゆる保護者の「学習参加」のかたちをとることが多い。あるクラスで行った授業の後、母親からの感想文が寄せられた。その中のお二人の方の感想文が、私を悩ますこととなった。

●数年前、韓国の留学生が駅のホームから線路に落ちた人を助けるために自分も線路に降り、電車にはねられ死亡するという出来事があったことを思い出しました。見ず知らずの他人を助けるため、彼は異国で帰らぬ人となった。もっていた正義感が一瞬にして彼をそうさせたのでしょう。命に対する思い、重みを強く感じました。

（5年　保護者）

●「今日の校長先生のお話なんだけどね。あそこまで逃げてきたのなら、あそこで見捨てるなんてことできないと思う」こちらから水を向けるまでもなく、帰宅して一段落ついた娘が、口火を切りました。この日の学校生活時間の中で、一番インパクトの強い時間だったことがうかがえます。……人間、土壇場にならないと、そして、たとえなったとしても、そこまでのその人自身の育ち方、考え方、性格など、微妙に影響するのではないかと思うし、また、直面したとき、理性と本能のどちらが優先されるのか想像もつかない。……考え出すと、いろいろ思いめぐらされ、気づいてみると「人間の心のあり方、あり様」を考える時間をもつことができる題材だったように思います。韓国の留学生が、駅ホームで見ず知らずの人命救出のためにわが身を顧みず亡くなった事件をふと思い出しました。果たして私に彼ほどの行動力はともなうのか、あるいは、彼のご両親、特にお母様の立場ならどうするか……

（6年　保護者）

感想文にある韓国人留学生の事故。正確には、２００１年１月26日夕刻、ＪＲ新大久保駅の山手線ホームで酔って転落した男性を、居合わせた男性２人（韓国人留学生李秀賢さんと横浜のカメラマン関根史郎さん）が助けようとして、３人とも犠牲になった事故である。この事故を思い出した私は、どのように考えていいのかわからなくなってしまった。「家族だからこそ生死をともにできるのであり、そういう人と人との関係を家族の絆という」と結論づけたかった授業なのに、新たな問題が出てきてしまった。この２人の行為をどのように扱い、なおかつどのように考えたらいいのだろうか。私だったらどうするだろうか。

　このように見ず知らずの人を助けるために自己を犠牲にした人のお話は意外とある。三浦綾子著『塩狩峠』のモデルとなった長野政雄氏の例を引こう。「明治42年２月28日、長野さんが名寄に出張した帰途、その乗っている車両が塩狩峠で突然、分離逆走した。連結器の故障であった。乗客は忽ち色を失い、周章狼狽した。転覆事故を恐れたのである。その時、長野さんは一瞬手を合わせて祈ったかと思うと、直に凍りついたデッキに飛び出し、ハンドブレーキを廻して汽車を徐行させた。が、自ら体を以て歯どめになろうとしたのか、線路上に飛び降り、列車は長野さんの体に乗って完全に停止、乗客全員のいのちは無事助かった。長野さんは、このときまだ30歳の独身青年だった。」（『光あるうちに』三浦綾子著　新潮文庫）

　また、昭和29年９月に起こった洞爺丸遭難事故で、「この洞爺丸が函館の七重浜で転覆した時、救命具が足りなかった。この時、洞爺丸に乗っていた二人の外人宣教師は、自分の救命具を、二人の日本青年男女に、それぞれゆずったのである。『今の日本に、若いあなたたちこそ必要なのだ』と、宣教師は言ったそうである。そして、この二人の宣教師は、異境の海でその最後を遂げたのである。」（前掲書）

私は、ますますわからなくなった。このような事例をあまり強調すると、自己犠牲を強いることになる。特に授業で扱うことには慎重にならざるをえない。

いろいろ悩んだあげく一つの考えにたどり着いた。「愛」である。最も大切な命を人に与える行為こそ、究極の愛なのではないかということである。ただし、「愛」のための自己犠牲を強いているのではない。愛とは、自分の命を捨てるに匹敵するほどに厳しいものだと理解したい。自分たちが考えている「隣人愛」や「家族愛」が、いかにちっぽけなものであるか知らされるのである。そしてこのような愛に生きる人こそ、つまり、日常生活において自分を人のために捧げることができてはじめて、友のために自分の命を捨てることができるのである。

ここにきてまた、フランクルの言葉を思い出す。「われわれが人生の意味を問うのではなくて、われわれ自身が問われた者」であり、自分の人生に対して「毎日毎時、正しい行為によって応答してなければならない」のである。そして限りある日々に対して、自分自身を辱めることなく精一杯誠実に生きることが「愛」なのである。

このように生きて来なかった自分を恥じ入るだけである。死が不可避となったいま、なにかとそういう自分になりたいと思うようになってきた。私という個性を完成させて死にたいと願うようになってきた。このように死と対座することは、生を考えることであり、その意味において、死というのは、人間として成熟するための最後のチャンスなのである。

「いのちの授業」をとおして、私自身が多くのことを学ぶことができた。「家族」について、「いのち」について、そして「愛」について。授業構想から、あるいは授業をしながら、さらに授業後の研究会をとおして、そして子どもや保護者の感想文を読みながら私自身が変わっていった。まさに、「学ぶことは変わること」を実践している。それにしても、私に残された時間がどれくらいあるかわからないが、限りある時間を「いのちは神に委ね、身体は医師に委ね、しかし生きることは自分が主体」という姿勢で生きていきたいと願っている。

最後に、いつも教育の理念と実践について、惜しみなくご助言くださった東京大学の佐藤学先生と、本書の編集に直接お世話になった小学館プロデューサーの宮腰壮吉さんには、改めて深く感謝する次第である。

この本を、私の闘病を献身的に支えてくれている妻恵子と家族に捧げたい。

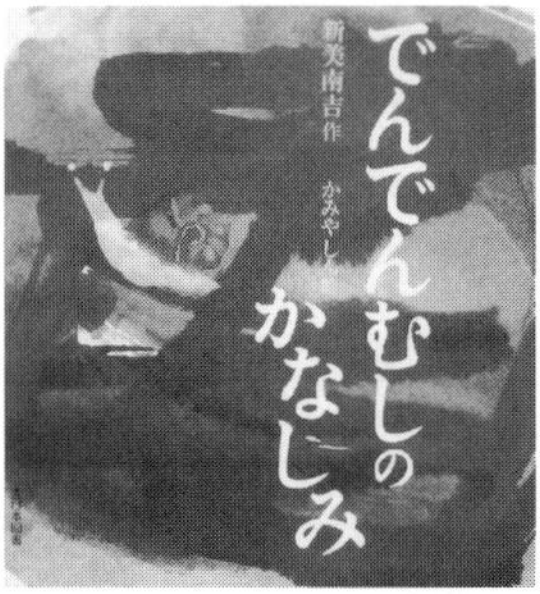

大瀬学校長が読み聞かせに使用した絵本
出版社名は33、41ページ

結び

この書は、多くの方々のお力で刊行された。

渡邉二郎教育長、新しく就任された谷井茂久校長、奥谷英敏教頭が温かく見守る中、浜之郷小学校全教職員が参加した。なかでも、原稿とりまとめを遂行した栗原幸正新採研拠点校指導教員、授業検討会の様子を活写した小野公敬教諭、実践記録を丁寧に校正した福谷秀子研修主任、於保和子養護教諭の全面的協力は特記しておきたい。また、CD－ROM編集には学校内の数々の授業デジタルメディアに詳しく経験もある谷口克哉教諭の力無くしては、できなかったことを明記したい。

この本に携わり実感したのは、「教師が授業を誠実に行うということは、子ども一人ひとりから大きなエネルギーをもらって、教師も学ぶことなのだ」ということであった。

佐藤　学　東京大学大学院教授は、「これからも心の中で大瀬さんと対話し続けながら、大瀬さんの抱いた希望を日々の中で実現したいと思います。」と《お別れの会》で話された。

大瀬校長が永眠してから、多くのマスコミがその悲報を流し哀悼を表した。また、この「いのちの授業」で使われた絵本などの教材が話題にもなっている。大瀬校長が、生前、次の授業を計画していた教材の一つにこんな言葉がある。

「私は千の風になって、あの大きな空を吹きわたっています」

もしかすると大瀬校長は「いのちの授業」をなさる全国の先生方の教室風景を見に、笑顔いっぱいふりそそぐ風になって、授業研究会、協議会にも出席するつもりでいらしゃるかもしれない。

「君の笑顔が見たいから、いつも君のそばにいるよ！」と言いながら。

本書編集委員一同

結び

この書は、多くの方々のお力で刊行された。

渡邉二郎教育長、新しく就任された谷井茂久校長、奥谷英敏教頭が温かく見守る中、浜之郷小学校全教職員が参加した。なかでも、原稿とりまとめを遂行した栗原幸正新採研拠点校指導教員、授業検討会の様子を活写した小野公敬教諭、実践記録を丁寧に校正した福谷秀子研修主任、於保和子養護教諭の全面的協力は特記しておきたい。また、CD－ROM編集には学校内の数々の授業デジタルメディアに詳しく経験もある谷口克哉教諭の力無くしては、できなかったことを明記したい。

この本に携わり実感したのは、「教師が授業を誠実に行うということは、子ども一人ひとりから大きなエネルギーをもらって、教師も学ぶことなのだ」ということであった。

佐藤　学　東京大学大学院教授は、「これからも心の中で大瀬さんと対話し続けながら、大瀬さんの抱いた希望を日々の中で実現したいと思います。」と《お別れの会》で話された。

大瀬校長が永眠してから、多くのマスコミがその悲報を流し哀悼を表した。また、この「いのちの授業」で使われた絵本などの教材が話題にもなっている。大瀬校長が、生前、次の授業を計画していた教材の一つにこんな言葉がある。

「私は千の風になって、あの大きな空を吹きわたっています」

もしかすると大瀬校長は「いのちの授業」をなさる全国の先生方の教室風景を見に、笑顔いっぱいふりそそぐ風になって、授業研究会、協議会にも出席するつもりでいらしゃるかもしれない。

「君の笑顔が見たいから、いつも君のそばにいるよ！」と言いながら。

本書編集委員一同

◆大瀬敏昭（おおせ・としあき）

1946年生まれ。茅ヶ崎市公立小学校３校に勤務後、茅ヶ崎市教育委員会指導主事、神奈川県県民部青少年室主幹。茅ヶ崎市教育委員会指導課長を歴任。1998年、「茅の響きあい教育プラン」のパイロット・スクールである新設の浜之郷小学校初代校長として着任。「学びの共同体としての学校」を創学の理念に掲げ学校づくりに取り組んだ。

著書に『学校を創る』（小学館　2000年）『学びの風景』（世織書房　2003年）『学校を変える』（小学館　2003年）がある。

2004年1月24日
浜之郷小学校で行なわれた「お別れの会」
体育館壇上の遺影は子どもたちが画用紙で作った
ヒマワリの花で囲まれた

輝け！　いのちの授業

2004年4月20日　初版第1刷発行
2004年7月10日　初版第3刷発行

著者／大瀬敏昭
©TOSHIAKI　OOSE　2004
発行者　宮木立雄
発行所　株式会社　小学館
〒101-8001　東京都千代田区一ツ橋2-3-1
電話／編集　03（3230）5689
制作　03（3230）5333
販売　03（5281）3555
振替　東京　00180-1-200

印刷所　大日本印刷株式会社　　製本所　文勇堂製本工業株式会社　　Printed in Japan

ISBN4-09-837364-5

CD-ROMの取り出し方

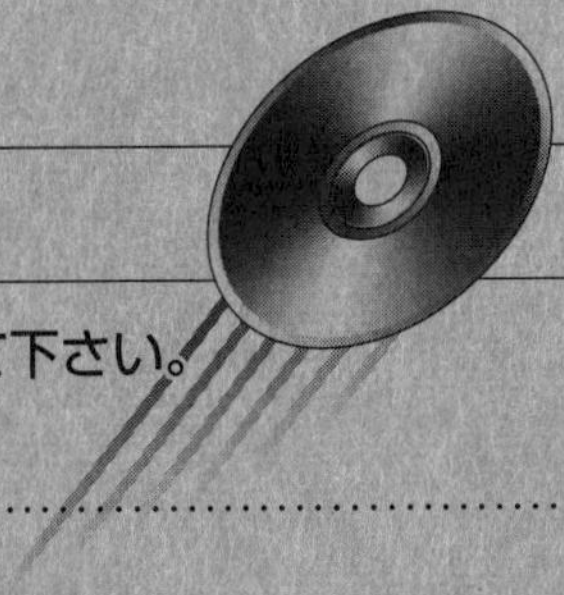

袋ははがさずに、赤いラインを左からひき上げて開封して下さい。
使用しないときは、このポケットにおさめて下さい。

●基本的にはWindows対応です